CHISLEHURST-TUILERIES

SOUVENIRS INTIMES SUR L'EMPEREUR

PAR

ÉVARISTE BAVOUX

CONSEILLER D'ÉTAT DE L'EMPIRE

PARIS

E. DENTU, LIBRAIRE-ÉDITEUR

PALAIS-ROYAL, 17-19, GALERIE D'ORLÉANS

1873

Paris. — Imp. [illegible]

AVANT PROPOS

C'est pour moi un devoir de conscience et d'honneur de livrer à la publicité ces notes jetées au hasard sur le papier, comme simple *memento*, sans apprêt, sans ordre, mais aujourd'hui précieuses à notre souvenir comme le sont les moindres gages d'une affection subitement brisée.

Ces lignes, tracées au courant de la plume, auront pour nous ce cachet sacré de la vérité sténographique. On y pourra surprendre dans la familiarité négligée d'une reproduction textuelle, la sincérité des impressions, la recherche de la vérité. Dans l'abandon de la causerie privée, dans l'intimité de la discussion du Conseil d'État apparaît toute la franchise de cette nature, bonne, généreuse, élevée, photographiée sur place. Si, plus souvent que nous ne l'aurions souhaité, nous semblons prendre la parole, usurper un dialogue qui ne nous appartient plus, c'est par nécessité de situation : dans les chefs-d'œuvre de l'Ecole tragique, Racine, Corneille font de Pylade et d'Abner les confidents de leur roi, du fils d'Agamemnon ; de Maxime l'interlocuteur d'Auguste et de Cinna. Je n'aspire pas ici à un autre rôle que celui-là : donner la réplique au Souverain dont je reproduis ici la pensée. Dans la délibération de nos assemblées, chacun de nous avait son opinion personnelle, libre, indépendante, qui triomphait ou succombait au vote. Dans la reproduction, celle de l'Empereur seule conserve un intérêt devant lequel tout autre s'efface.

Tel est le bnt de cette publication.

La chute de l'Empire a été, selon nous, pour la France, une immense catastrophe.

L'Empire est, à nos yeux, la personnification puissante de toutes les notions gouvernementales : souveraineté nationale dans sa grandeur moderne ; principe d'autorité dans sa modération ; patriotisme dans son honneur, dans sa foi politique et religieuse.

NOTE PRÉLIMINAIRE

Le 4 septembre a perdu la France. Sans lui le gouvernement traitait, après Reischoffen et Sedan, avec la Prusse. Un milliard ou deux d'indemnité de guerre payés par nous en quelques mois, sans autre dommage que celui de la défaite, toujours lourde à l'honneur d'une nation fière de ses victoires. Voilà ce qui résultait pour nous d'un jour malheureux à nos armes. Et la revanche n'aurait pas tardé.

Au lieu de cela, une hideuse révolution a renversé le gouvernement sacré par les acclamations vingt fois renouvelées du suffrage universel, et l'abîme a été creusé, où la nation est tombée du haut de sa grandeur détruite.

Comment cette surprise s'est-elle accomplie?

Un homme y a pris une terrible part, y a assumé une effroyable responsabilité. Cet homme c'est le général Trochu.

Le général Trochu, qui, peu de mois avant, était reçu, accueilli aux Tuileries, avait un immense orgueil. Mécontent, morose, grondeur, il se disait victime, tout comblé qu'il fût de faveurs et d'honneurs.

L'opposition le prônait. Appelé à Châlons par l'Empereur, il en revint gouverneur de Paris. Un de ses premiers soins fut de développer une communication déclamatoire pour la défense de la capitale, sur l'armement de tous les repris de justice, accourus de tous les départements.

Cette communication avait été fort mal accueillie par le Conseil des ministres.

Le général, affectant des allures chevaleresques, avait prêté à l'Impératrice-Régente, femme, épouse et mère, des serments de chrétien, de soldat et de Breton.

Au lieu de faire à sa souveraine, comme il le lui avait juré, un rempart de son corps, il se fit l'allié de MM. Jules Favre, Jules Simon, Jules Ferry, Ernest Picard, à l'Hôtel-de-Ville, après avoir jeté sur le pavé de Paris, tout armés, les fameux mobiles ramenés par lui de Châlons, et les 25,000 vauriens dont parlait Lamoignon de Malesherbes déjà sous notre première révolution.

Concours répudié par le sentiment unanime du Conseil des ministres et indument accepté par le général sous forme de gardes irrégulièrement armés et versés dans les rangs confus de la garde nationale.

Concours funeste de tous ces éléments impurs qui achevèrent la révolution !

La révolution était alors, au dedans, déchaînée, et la France perdue sous les auspices du général Trochu, président du Gouvernement de la défense nationale.

Au dehors, même catastrophe.

Après nos terribles défaites de Reischoffen et sous Metz, notre ambassadeur à Pétersbourg an-

nonça à l'Impératrice les paroles du Czar : « *Je*
» *saurai, le moment venu, parler haut, si cela est*
» *nécessaire, pour faire respecter l'intégrité du terri-*
» *toire et le maintien de la dynastie.* »

Déclaration qui impliquait la paix avec le roi
Guillaume, à des conditions infiniment préférables,
peut-être, comme n'a pu s'empêcher de le reconnaître, depuis, M. Thiers lui-même, avec une indemnité de guerre de 1 milliard, 1 milliard 1/2,
admettons même 2 milliards.

Cette dépêche, arrivée entre les mains du prince
de la Tour-d'Auvergne, fut trouvée, dans les car-
tons du ministère des affaires étrangères, par
M. Jules Favre qui, s'emparant de la communication du général Fleury et de la disposition du Czar
vis-à-vis de l'Empire, s'imagina follement l'intervention russe acquise à la République. Se méprenant
sur la pensée de ce message, il lança sa fameuse
fanfaronnade : « *Pas un pouce de notre territoire,*
» *pas une pierre de nos forteresses!* » Ne compre-
nait-il pas la différence, aux yeux de l'Empereur
moscovite, d'une telle intervention en faveur d'un
gouvernement comme l'Empire, ou pour une cohue
d'émeutiers qui s'étaient, par surprise, emparés du
pouvoir?

Quand l'Impératrice connut la dépêche de Russie,
elle écrivit au Czar la lettre publiée depuis, lettre
admirable de noblesse et de dignité. Mais, hélas! il
était trop tard. L'Empire était renversé sous les
coups des forcenés du 4 septembre.

Telle est l'origine de cette République, mère du
31 octobre et du 18 mars. Qu'on ose nous dire
maintenant, comme le Président de cette République, que nous avons trop de princes pour une
seule monarchie. N'aurons-nous pas à répondre
qu'il y a trop de républicains, pseudo-républicains,

radicaux, socialistes, modérés ou non, pour une seule République conservatrice ou néo-platonique?

Fatigué de la monotonie d'un bonheur continu de vingt ans, ce pays-ci s'est toujours laissé ravir la conronne monarchique et la liberté par une poignée d'insurgés.

L'Empire, disent les révolutionnaires, était un gouvernement personnel et despotique. Oui, l'Empire a commis des fautes, deux surtout : le Mexique et les réformes politiques. Ces réformes plaçaient les amis de M. Thiers, avouait-il, sur les bancs ministériels. L'Empire en a été mal récompensé par lui. Le gouvernement personnel que combattait précédemment M. Thiers, lui déplaît moins aujourd'hui sous un autre nom, et ses libertés favorites s'accommodent aisément du régime de l'état de siége. La nation, plus docile au malheur qu'elle ne l'était à la prospérité, acceptera-t-elle longtemps cette somnolence, ce dépérissement de la patrie?

C'est à elle de le dire.

Mais comme le pacte de Bordeaux lui donne ou plutôt lui reconnaît le droit *contesté* par le Message présidentiel de choisir son gouvernement, nous usons de ce droit pour lui rappeler le gouvernement qu'elle a perdu.

CHISLEHURST-TUILERIES

PREMIÈRE PARTIE

CHISLEHURST

§ Ier. — CHISLEHURST, 1872.

Le 17 juillet j'étais à Camden-Place.

Loin de moi la pensée de commettre aucune indiscrétion sur des entretiens intimes, souvenirs précieux et sacrés pour moi. Mais je crois en toute sincérité faire acte de patriotisme et de respect pour les augustes exilés, en rapportant quelques détails de cette vie recueillie, de cette résignation, de ce dévouement inaltérable aux intérêts de la France. Ah! combien elle trouverait d'enseigneménts utiles, de sagesse, de raison dans ce spectacle tout à la fois si simple et si noble! Là le silence, la résignation, l'oubli des outrages, l'amour de la patrie. Détracteurs des grandeurs du passé, ennemis implacables du repos public, essayez une fois ce pieux pèlerinage ; allez un à un à Chislehurst, et quelle que soit votre haine, quelles que soient vos fureurs politiques, vous vous sentirez pris, au seuil de cet ermitage, comme à l'entrée du temple saint, d'un respect invincible. C'est là en effet que vit une famille vénérée dans tout son voisinage.

A peine arrivé, je donne mon nom. Le duc de Bassano, à qui il est remis, le porte à Sa Majesté, et revient me dire que deux dames en visite vont partir, et qu'aussitôt l'Empereur va arriver. Il arrive, en effet; mais sortant seul du salon où il était, il se trouve au fond de la galerie, en cette partie moins éclairée, de telle sorte que je ne le voyais pas. Lui, me voyant, m'appelle, venant à moi et me pressant dans ses bras, m'embrasse avec une émotion dont je fus, moi aussi, et plus que Sa Majesté, pénétré. « Qu'il y a de temps que nous ne nous sommes vus! » — Depuis le 4 juillet 1870, le matin, à Saint-Cloud, Sire. Mais aujourd'hui je suis heureux, du moins, de vous trouver en bonne santé. Conservez-la, Sire, pour nous, pour notre pauvre pays, si malade.

Après quelques minutes de cette première effusion si triste et si émue, en présence de toute la maison de Leurs Majestés, composée de MM. le duc de Bassano, Corvisart, Piétri, Clary, Mlle Larminat, puis du marquis de la Valette, à quelques pas de nous dans la galerie, l'Empereur me dit : « Laissez-moi porter un billet à quelqu'un qui part, et je reviens à vous. » Il va à ce groupe et revient à moi : « Passons au salon, » et me prenant par le bras, il m'y fait asseoir près de lui. Nous causons du passé, du présent, de l'avenir, lui toujours calme, simple, confiant dans la justice et dans la raison, dont je doute plus que lui. Sans amertume sur les hommes les plus coupables, les plus ingrats, il jette sur ces deux effroyables années un regard sérieux et affligé, mais impartial.

Je lui remets alors les quelques messages dont je m'étais chargé pour lui ; m'en lisant quelques passages à haute voix : « En voici qui ne sont pas encoura- » geants, me dit-il mélancoliquement. Ces divisions » des partis à Versailles sont un triste symptôme. »

Après trois quarts d'heure peut-être, je me lève pour prendre congé de Sa Majesté. « Que faites-vous ? Et » l'Impératrice! Nous vous attendions depuis quel- » ques jours ; elle désire vous voir. » Et il me condui- sit vers elle, dans le salon voisin.

Elle vient à moi, me tend la main que j'embrasse respectueusement, puis debout nous échangeons quel- ques paroles, mais, à la tournure de la conversation, supposant qu'elle allait prendre quelques développements : « Nous serons mieux assis pour causer, » me dit-elle ; et dans un angle du salon, nous continuons en effet l'entretien dont Sa Majesté daigne m'honorer : « Nous avons bien des remerciements à vous exprimer de votre dévouement aussi fidèle qu'ancien. — Il date, madame, de Ham (1). — Aussi l'avez-vous conservé pur à l'Empereur, et nous ne pouvons oublier que, depuis

(1) Notre attachement au Prince a précédé sa fortune et ne peut être soupçonné de complaisance. C'est à Ham qu'il a pris naissance, et si nous retrouvions sous les lambris dorés des Tuileries cette raison calme, cette philosophie douce, cette sagesse supérieure, qui nous avaient saisi de leur irrésistible prestige dans la modeste cellule du prisonnier, pourquoi nous en défendre ? Pourquoi ferions-nous mystère de notre profonde et respectueuse sympathie pour le Prince qui à sa supériorité native a, nous semble-t-il, ajouté l'honneur de services mémorables, d'une extension de nos frontières, sans parler de l'éclat de sa couronne. C'est donc à la propagation de cette foi vive et réfléchie qu'est dévouée cette publication.

Lettre du Prince, publiée avec autorisation de l'Empereur :

« *A Monsieur Évariste Bavoux, 3, place de Rivoli, Paris.*

» Fort de Ham, le 28 août 1844.

» Monsieur,

» Je me félicite de vous avoir envoyé ma petite brochure sur le paupérisme, puisque cet envoi m'a valu la charmante lettre que vous m'avez écrite.

» Je viens donc vous remercier de tout ce que vous me dites d'aimable et vous assurer du plaisir que j'aurais à vous revoir dans ma prison. Nos conversations, l'année dernière, ont été bien courtes. J'ai un vif désir de les continuer, et j'accepterai toujours avec reconnaissance les conseils qui me viendront d'un esprit aussi élevé et aussi indépendant que le vôtre.

» Vous avez tort de ne pas m'envoyer vos œuvres, parce que vous n'y approuvez pas le système impérial.

» Je suis habitué à la controverse, et je serais heureux de parvenir à modifier vos idées. Vous voyez que l'esprit de prosélytisme ne m'a pas abandonné. C'est que je tiens un peu de l'apôtre et du martyr.

» Je vous prie de me rappeler au souvenir de M. de Beaumont, d'exprimer à M. votre père, quoique je ne le connaisse pas, la haute estime que j'éprouve pour son honorable caractère, et de recevoir pour vous l'assurance de mes sentiments de vive sympathie.

» Louis-Napoléon B. »

tous nos malheurs, votre voix a été la première à se faire entendre pour nous défendre. J'ai été bien malade depuis que je vous ai vu, oh! bien malade. C'était d'abord du malaise, puis une inflammation causée par les cruelles angoisses dont nous avons été si profondément atteints. Ces souffrances ont abouti à une crise qui m'a sauvée. J'en suis sortie guérie. »

Je l'interrogeai sur son apparition, dans les premiers jours de septembre, à Deauville, où j'avais alors cherché sa trace. Sa Majesté y était en effet, un de ces jours funestes, de onze heures du matin à une heure après minuit, partant sur un yacht pour l'Angleterre.

Après quelque temps d'une conversation, pour moi enchanteresse, par discrétion je rendis Sa Majesté au cercle qu'elle avait quitté pour nous isoler. L'Empereur vint à nous. Je me retirai, emportant de cette première visite un bonheur triste et l'espoir... d'un prochain retour.

En effet, le lendemain, un télégramme nous engageait à déjeuner le vendredi 19, à Camden-Place.

Nous trouvâmes dans la galerie d'entrée Mme Lebreton, sœur du général Bourbaki, Mlle Larminat, MM. le duc de Bassano, Clary, baron Corvisart, docteur Conneau, Louis Conneau, Piétri. M. de Bassano, après quelques mots de politesse, nous introduisit au grand salon, près de l'Empereur, dont l'accueil fut aimable et bon, comme toujours.

Peu de minutes après, arrivait le général Arnaudot, un des derniers aides de camp de Sa Majesté, à qui l'Empereur donna cordialement la main, lui exprimant sa satisfaction de le revoir après une aussi longue séparation. Le brave soldat, tout ému, ne put répondre un mot, suffoqué par ses larmes.

Engagés à nous asseoir, nous causâmes tous quatre, et le général, remis de sa touchante émotion, nous raconta une tournée que sa mise en disponibilité lui avait permise dans son département. La conversation devint politique.

Puis l'Impératrice entra, et bientôt, après elle, son fils, le Prince Impérial, grandi, sérieux, mûri par les malheurs et l'exil, affable comme il était, comme il sera aux Tuileries, si la République, *après Dieu,* dit La Fontaine, *le sauve...* et l'y rappelle. Aussitôt nous passions dans la salle à manger.

A peine étions-nous à table qu'une ordonnance apportait un message que le comte Clary, se levant, portait à l'Empereur. C'était une invitation du colonel d'artillerie anglaise, qui engageait le Prince Impérial, pour ce jour même, à un exercice de tir, suivi d'un luncheon vers trois heures. — L'Empereur accepta pour son fils sans hésitation; et le jeune Prince, suspendant son déjeuner, en raison de la collation projetée, me raconta qu'il allait, sur l'autorisation de la reine, concourir pour cette école renommée de Woolwich, et irait avec Clary à cheval au rendez-vous du colonel, d'autant plus volontiers, que c'était à l'heure de sa récréation et l'emploierait ainsi avec autant de plaisir que d'utilité.

Il travaille, en effet, régulièrement sept heures par jour, distribuant son temps entre l'étude, la promenade à pied, à cheval, l'escrime, la gymnastique.

En sortant de table, on retourna aux salons, l'Empereur dans un d'eux avec le général Arnaudot, l'Impératrice et moi dans l'extrémité de la galerie où la première fois j'avais été appelé par l'Empereur.

Avec l'Impératrice nous causâmes, d'abord debout, du rôle de la marine dans la guerre, de l'amiral Rigault de Genouilly, dont je lui apportais des nouvelles. Elle me témoigna son affection et son estime pour lui. Comme notre conversation paraissait devoir se prolonger et se généraliser, elle me conduisit au premier salon pour nous asseoir, comme avec l'Empereur l'avant-veille. Là le tour devint tout politique : elle me fit un récit animé des épisodes de la Régence, parlant du général Trochu, de Jules Favre, de la dépêche de notre ambassadeur auprès de la cour de Russie annonçant l'intervention du Czar pour prémunir la France contre tout démembrement territorial et réduire les conditions de paix à une simple indemnité de guerre.

Détails curieux sur lesquels l'Impératrice, animée d'une noble ardeur, d'un bouillant patriotisme, s'exaltait avec désespoir. A ces terribles évocations, belle dans sa douleur, elle ne pouvait retenir ses larmes, qui avaient, hélas! si souvent coulé depuis ces jours néfastes. M'ouvrant avec générosité son âme, elle me confessait ses angoisses de la régence, à la vue de l'hydre révolutionnaire, se précipitant avec l'étranger vainqueur pour dévorer la France.

Femme, épouse, mère, sublime de dévouement, de patriotisme, oubliant tout alors, sa personne, sa dynastie, pour ne se souvenir que de la patrie! Aussi ne me fut-il pas possible de contenir mon admiration pour tant de magnanime grandeur. M. Louis Veuillot s'écrie dans son style imagé : « Aux yeux du monde » entier, l'Impératrice Eugénie a gardé le plus magni- » fique rayon de la couronne; sa gloire de femme » échappe à la catastrophe, comme l'oiseau qui s'en- » vole de l'arbre qui tombe, et ce bel honneur restera » sur le front de son fils (1). »

(1) Plusieurs journaux ont dû reproduire une lettre écrite à l'Impératrice Eugénie par M. Louis Veuillot, qui avait protesté à plusieurs reprises pendant le siége contre d'ignobles publications dans lesquelles Sa Majesté était odieusement maltraitée.

C'est à la suite d'un remercîment à lui adressé à cette occasion par l'Impératrice, que fut écrite cette lettre.

Je ne me souviens pas exactement où elle a déjà paru, mais ce morceau est de ceux qu'on relit toujours avec plaisir :

  « Madame,

En daignant me remercier, Votre Majesté m'a fait un don gratuit.

J'ai entrepris de venger des gens de bien, condamnés à voir d'abjects misérables outrager librement un grand caractère et une éclatante vertu.

Le silence m'aurait fait complice des traîtres non moins vils qui permettaient ces infamies ; mais la pensée de vous défendre, Madame, n'a pu me venir ; personne n'était trompé. Aux yeux du monde entier, l'Impératrice Eugénie a gardé le plus magnifique rayon de la couronne : sa gloire de femme échappe à la catastrophe, comme l'oiseau qui s'envole de l'arbre qui tombe, et ce bel honneur restera sur le front de son fils.

Je suis trop récompensé par le mot bienveillant que Votre Majesté a daigné m'adresser, lorsque déjà je lui devais de m'être attiré les félicitations de la conscience publique.

Je supplie Votre Majesté de trouver bon que je lui offre ici ma reconnaissance, aussi profonde et aussi légitime que mon respect.   **LOUIS VEUILLOT.** »

Sous l'influence du même sentiment, je me permis de dire à Sa Majesté : « Madame, vous vouliez bien me remercier de mon fidèle et obscur dévouement. Il date, c'est vrai, de Ham, et vous savez si je le cachais silencieusement sous les lambris dorés des Tuileries.

» Mais aujourd'hui que votre palais est détruit par le pétrole, aujourd'hui que je le fuis, comme un spectacle hideux dont mes yeux sont chaque jour abreuvés, pour le charme si doux et si triste de Chislehurst, autorisez-moi à vous dire ce que je n'aurais jamais voulu, sans crainte de flatterie, vous dire dans vos salons de fête : vous avez, Madame, conquis une grande place dans l'histoire. Vous étiez Impératrice par la beauté, par la grâce, par la charité. Aujourd'hui vous avez grandi. Le malheur vous a donné le sacre de la vraie grandeur, de l'héroïsme.

» Vous êtes la digne et noble compagne de l'Empereur, si grand, si simple dans son infortune tant imméritée. Épouse et mère, vous portez majestueusement le diadème de martyr. A bientôt la réparation ! »

Le général Arnaudot, reconduit par l'Empereur du salon où il s'entretenait avec lui, passait dans le nôtre et salua l'Impératrice, avec laquelle il resta. L'Empereur me ramena dans le grand salon qu'il venait de quitter. Assis tous deux, nous reprîmes notre dialogue.

On comprendra facilement ma réserve nécessaire sur les opinions personnelles de Leurs Majestés. L'intérêt de ce récit y perdra beaucoup. Mais il n'en peut être autrement. Ce que je puis avouer, c'est le courant de la pensée impériale sur les faits accomplis, sur les difficultés d'acclimatation de la liberté en France.

Quant aux plaintes, aux reproches, c'est moi, et non l'Empereur, qui les faisais entendre ; c'est moi qui accusais la mobilité et l'ingratitude d'un pays qui, ayant choisi, élu, acclamé un prince éclairé, dévoué, généreux, une dynastie profondément nationale et libérale, se jette du jour au lendemain dans toutes les horreurs d'une révolution insensée sans guide, sans lendemain.

Le retour à la vérité est marqué dans l'avenir, certain, oui certain sans aucun doute. Mais à quel prix ? après quelles épreuves peut-être ? Pourquoi, d'ailleurs, ces épreuves, que le pays consulté, librement interrogé, s'épargnerait incontestablement ? Quelle responsabilité assume sur sa tête une administration haineuse de l'Empire, qui, pour en éloigner à tout prix le retour, à ses propres yeux inévitable, cherche à tricher avec l'opinion publique, à éluder son arrêt suprême, au risque des plus effroyables cataclysmes, du retour aux bouleversements de la Commune, retour moins affreux pour elle peut-être que le retour à l'Empire !

Sous l'impression de ces réflexions désolantes, présentées par nous, nous quittions nos chers exilés, charmés de leur douce hospitalité, leur promettant de les revoir.

Nous les revîmes, en effet, dès le surlendemain.

Dimanche, 21 juillet, nous étions, M. le marquis, Mme la marquise de La Valette, Mme la princesse Poniatowska, Mme Gould, et nous trois, vers deux heures, à Chislehurst.

Le jeune Prince, libre, ce jour-là, de ses études, vint le premier dans la galerie, à notre rencontre. Il me demanda de lui confier mon fils, âgé, comme lui, alors, de seize ans passés ; et avec Louis Conneau et les fils du docteur Corvisart, ils allèrent au parc se livrer à des exercices gymnastiques.

Pendant ce temps, l'Empereur descendait de ses appartements. Il me prit à part, et assis tous deux à l'angle de la galerie, nous causâmes de toutes choses. Je lui demandais s'il avait lu les dernières observations de M. Thiers, qui, à propos de finances, avait trouvé moyen de décocher un trait de Parthe, de donner encore un coup de pied à l'Empire, prétendant que la prospérité industrielle et commerciale de la France florissant sous la Restauration et sous le gouvernement de Juillet, commençait à *décliner* sous l'*Empire*.

— Ainsi, lui disais-je, voilà M. Thiers qui, là, conteste et abaisse l'essor prospère de votre règne, tandis qu'ailleurs lui et ses amis, ennemis conjurés dans la haine de l'Empire, ne pouvant nier cette prospérité, la proclament *immorale et malsaine, sollicitant,* selon eux, *les appétits matériels,* etc., aveuglement, fureurs impuissantes contre un gouvernement plus puissant et honoré qu'aucun autre en France pendant vingt ans.

« Que voulez-vous? me répond avec calme Sa Majesté. Il n'y a qu'à les laisser à eux-mêmes. L'excès même de leurs accusations les perd, en leur enlevant toute créance. Quel malheur qu'un aussi beau talent comme historien se laisse entraîner, comme homme politique, à de telles violences! »

— Oui, sire, le grand historien, proclamé, dans une occasion solennelle, l'*historien national* par Votre Majesté, n'a malheureusement semblé obéir, dans toute sa carrière politique, qu'à une seule passion : celle de l'opposition à tout ce qui n'était pas lui-même.

Aussi, n'écoutant que les conseils d'une ambition personnelle, paraît-il n'avoir eu d'autre entraînement que celui de la démolition de tout pouvoir qui n'était pas le sien. Si bien qu'on a remarqué que, par une sorte de fatalité de ce démon de la destruction qui l'anime, il a été appelé à ce rôle terrible de bombarder les fortifications élevées par lui-même autour de Paris. Justifiant ainsi cette mission infernale de tout renverser, même ce qu'il a créé.

La chronique renferme d'ailleurs d'étranges contrastes : en 1842, à M. Thiers, promoteur des fortifications de Paris, M. Arago et ses collègues de l'opposition alors adressaient, entre autres objections, celle-ci : que les forts détachés n'étaient que le symbole de la défiance monarchique, résolue à s'en servir pour bombarder Paris, au premier mouvement d'une révolution contre la dynastie d'Orléans.

A cette accusation, M. Thiers répondait qu'un gouvernement qui en serait réduit à bombarder sa capitale serait un gouvernement perdu.

Que dit M. Thiers aujourd'hui de tous ces souvenirs? Il a bombardé Paris après l'avoir abandonné le 18 mars, abandonnant aussi tous les forts détachés, y compris, dit le général Vinoy, le Mont-Valérien.

Contradictions importunes, sous lesquelles s'agite convulsivement cette politique inconsistante et mobile, flottant du pacte conservateur de Bordeaux au souffle révolutionnaire des radicaux, née *des libertés nécessaires* pour aboutir au système permanent de l'état de siége et du gouvernement effrontément personnel, perpétuellement passant de la fantaisie au caprice, de la bascule à l'équilibre, vivant au jour le jour, sans autre base que celle d'un compromis précaire.

L'appui le plus solide, le plus énergique, le plus moral peut-être, malgré les déclamations démagogiques de tous ces énergumènes ameutés contre le gouvernement, quand ils ne l'avaient pas encore escamoté, à leur profit, au 4 septembre, c'est l'armée. L'armée, composée de la partie vive de la nation, représentant sa pensée et sa force vitale, représente par cela même l'ordre et le travail.

Il faut donc avant tout une armée.

Toujours brave, dévouée, intelligente, dans les jours d'orage, de troubles politiques, comme sur le champ de bataille, comme à Reischoffen, comme à Solferino, comme sous les murs, comme dans les rues de Paris, elle a partout gardé sa place d'honneur. Ce qui lui a manqué dans la dernière guerre, c'est le commandement; ce qui a parfois compromis le commandement, c'est la méprise stratégique, c'est la vicieuse confiance de l'école algérienne,

Parce que depuis quarante ans l'armée d'Afrique s'est accoutumée aux faciles victoires de son courage, elle s'est imaginé que la vaillance tenait lieu de science, et que toute la tactique militaire consistait dans l'héroïsme. Fatale erreur! L'Algérie, depuis 1830, passe pour un champ de bataille, pour un enseignement de guerre. Déception cruelle! L'Algérie apprend la petite guerre et non la grande, la poursuite des fuyards, mais non la bataille rangée. L'Algérie est une hérésie militaire.

Après un entretien dont je ne puis indiquer que quelques aperçus sur le cours des idées parcourues, sans préciser celles de mon auguste interlocuteur, toujours si indulgent et modéré, l'Empereur me dit : « Allons auprès de l'Impératrice. » Au grand salon, où elle formait un cercle de ces dames et du marquis de La Valette, la conversation devint générale. On y parla des anciens amis, généralement fidèles, Ferdinand Barrot, Vandal, Pinard, Saint-Paul, général Chauchart, général Waldner de Frandentstein, général de Lamortière, général Eugène Pajol, Bosredon, Manceaux, baron Jeanin, Camille Doucet, amiral Rigault de Genouilly, et tant d'autres.

L'Empereur s'étonnait et s'inquiétait de n'avoir aucunes nouvelles d'un de ses plus anciens compagnons, M. de Mésouan, dont personne de nous ne put rien lui dire. Des regrets furent donnés à la mémoire du baron Ernest Leroy, dont la mort venait d'être annoncée à l'Empereur par les trois gendres de l'ancien préfet-sénateur. Au milieu de tous ces noms, celui de M. Boulatignier fut prononcé par erreur de l'Empereur, qui, dans un moment de distraction, le confondit avec celui de M. Boinvilliers, dont il voulait parler.

Ainsi, Leurs Majestés nous interrogeaient avec bonté sur le sort de l'un et de l'autre, après les cruelles épreuves qui avaient depuis deux années désolé notre pays et nous avaient tous plus ou moins dispersés.

L'Impératrice proposa, à cette heure où la chaleur de la journée était un peu tombée, une promenade au parc, près des écoliers, sautant à la perche sur la pelouse. Un luncheon y était préparé sous les ombrages.

Des visiteurs arrivèrent de Londres et du voisinage.

Nous prîmes congé de Leurs Majestés. L'Impératrice nous donna sa nouvelle photographie, l'Empereur me remit la sienne, et le jeune Prince alla signer celle qu'il nous offrit aussi. Je déposai un respectueux baiser sur la main que me tendait l'Impératrice ; l'Empereur me prit dans ses bras, m'embrassant avec émotion. Nous montâmes, avec le marquis et la marquise de La Valette, dans notre voiture ouverte qui était venue nous chercher jusque sur le gazon pour regagner la station ferrée ; l'Empereur nous suivit du regard, nous renouvelant de la main ses adieux, quand nous disparûmes sous les ombrages de Camden-Place.

Au revoir ! au revoir, chère et auguste famille, où règne tant de grandeur sous tant de simplicité, tant de patriotisme, de désintéressement, d'abnégation !

Le souverain, naguère arbitre des destinées de l'Europe, le pacificateur de Sadowa, libérateur de la Vénétie comme de l'Italie, pondérateur du véritable équilibre des deux mondes, est aujourd'hui, sous l'éclat d'un coup de foudre, confiné dans une humble retraite, où il reste grand par sa haute raison, par sa sagesse, par son inaltérable amour de la France.

Là encore il étudie l'état des esprits, la marche des événements, avec une sûreté de jugement qui déjoue toutes les intrigues des partis, toutes les conjurations de la haine et de la passion. Là encore il sera l'oracle des Destins. En attendant, quelle magnanimité dans le malheur, quelle humilité devant l'injustice et la calomnie ! quelle confiance dans les vrais amis ! quelle indulgence pour les faiblesses ! quel oubli des offenses (1).

Avant mon départ de la Grande-Bretagne, j'écrivais à Sa Majesté :

« Madame,

Je ne puis me résigner à quitter l'Angleterre sans adresser à Votre Majesté l'expression de mes plus respectueux remerciements : l'Empereur, le Prince Impérial et vous, Madame, vous nous avez comblés des témoignages de votre douce bienveillance. Nous en sommes pénétrés jusqu'à l'attendrissement ; et si mon ancien dévouement pouvait jamais s'accroître, ce serait assurément dans le malheur. Malheureux pays, hélas ! aujourd'hui détourné par la passion révolutionnaire, momentanément du moins, de l'attachement et de la gratitude à cette dynastie nationale qui lui a donné le bonheur et la gloire. Combien il se sentirait plus mal-

____

(1) *Ordre,* 17 septembre 1872.

heureux encore si chaque citoyen pouvait individuelle-
ment apprécier, comme moi, les trésors inépuisables
de votre cœur, les séductions de votre adorable grâce.

Je ne disais tout cela ni à l'Empereur ni à Votre
Majesté sur le plus beau trône du monde, s'il n'en était
le plus fragile ; mais la douleur me donne le courage de
me proclamer, sans réserve, le plus humble sujet de
votre royale infortune.

Permettez-moi, Madame, de mettre à vos pieds mes
hommages les plus soumis et mes respects les plus
dévoués.

Evariste Bavoux.

Londres, 23 juillet 1872. »

§ 2. — Une visite a Chislehurst.

Le comte Monier de la Sizeranne, un des hommes
dont la carrière législative a été la plus longue, la plus
laborieuse, et qui y a fait preuve d'une indépendance
de caractère à laquelle ses adversaires eux-mêmes ont
souvent rendu justice, va prochainement publier un
livre où sont consignés les principaux faits dont il a
été témoin. Il s'y trouve également une foule d'anec-
dotes, telles que sont à même d'en recueillir ceux qui
comme lui ont fréquenté de nombreux salons politiques, y compris celui du prince de Talleyrand.

Un de ses amis, qui est aussi le nôtre, ayant entendu
la lecture de quelques pages où l'auteur donne des
détails sur la résidence de Chislehurst, qu'il a récemment visitée, nous a laissé l'autorisation de les reproduire comme ayant un certain intérêt d'actualité.

C'était le 29 août, peu de jours après mon propre
pèlerinage :

« Appelé en Angleterre par des devoirs de famille,
j'arrivai à Londres le 18 juillet 1872. Mais, ma première
visite étant due au souverain tombé, qui aujourd'hui

plus que jamais a droit à mes respectueuses sympathies, je me rendis immédiatement à Chislehurst, où j'eus l'honneur d'être reçu par l'Empereur et par l'Impératrice.

» Et d'abord, qu'est à l'étranger la résidence des anciens hôtes couronnés des Tuileries? Une habitation de modeste grandeur et de simple apparence, située au milieu de beaux arbres et de vertes pelouses, comme on en voit dans presque tous les parcs de ce fertile pays. A l'entrée, une petite antichambre où s'accrochent les paletots et se rangent les parapluies; un peu plus loin, une salle d'attente, et enfin le salon où les maîtres du logis reçoivent les nombreux visiteurs qui viennent leur présenter leurs hommages. Mais j'ouvre ici une parenthèse pour y déposer un aveu qui ne causera d'étonnement à aucune âme élevée.

» Je les avais vues sans éprouver la moindre émotion, ces puissances aujourd'hui déchues, lorsqu'elles habitaient le splendide palais, où, dans le cours de ma longue carrière publique, je m'étais trouvé tout aussi peu troublé devant les rois qui l'ont traversé depuis 1815 jusqu'à 1848. Telles sont même les dispositions naturelles de mon esprit, que le spectacle des timides obséquiosités dont tout représentant du pouvoir est l'objet sur son passage, ne provoque chez moi qu'un peu plus de réserve et d'impassibilité.

» Eh bien ! à l'aspect de cet homme qu'une volonté énergique, mise au service d'une grande mission à remplir, avait fait triompher de tant d'obstacles et placé sur le trône le plus envié de la terre ; de cet homme que j'avais vu en 1866, entouré des principaux monarques de l'Europe, un jour de fête aux Tuileries ; de cet homme que je savais avoir été jusqu'au dernier moment opposé à la fatale guerre qui coûte tant de larmes à la France ; de cet homme enfin qui, à la suite d'une manœuvre militaire qu'il n'avait pas commandée, a racheté le massacre certain du reste de son armée par une douloureuse capitulation, dont, en attendant le jugement impartial de l'histoire, il accepte aujourd'hui, sans se plaindre, la poignante responsabilité ; eh bien ! oui, à cet aspect qui résumait en une seconde de si nombreux et dissemblables souvenirs, j'ai étouffé dans ma poitrine un sanglot prêt à s'en échapper, et n'ai pu répondre que par une respectueuse inclinaison aux paroles de cordiale bienveillance qui daignaient m'accueillir. C'est que rien n'émeut à l'égal d'un grand malheur, dignement supporté.

» Mais ce premier moment passé, l'entretien, rendu libre et facile par l'affabilité de la réception, devint de plus en plus sérieux; et qu'ils sont loin de la vérité ceux qui représentent l'Empereur tantôt comme affaibli par l'âge et par la souffrance, tantôt comme ne se préoccupant que de sa situation personnelle et de celle de sa famille ! Sa santé ! elle ne m'a jamais paru meilleure ; et quant à l'étendue de ses facultés intellectuelles, je voudrais que ses détracteurs eussent, comme moi, entendu tomber de sa bouche les jugements pleins de profondeur qu'il porte sur l'état des affaires de l'Europe en général et de la France en particulier.

» Tout lui est parfaitement connu de ce qui se passe soit à Versailles, soit dans nos départements, et cette connaissance exacte des faits actuels me rappelle qu'au temps de sa puissance, il me disait que, pendant sa détention au fort de Ham, il suivait attentivement tous nos travaux de la Chambre des députés, chose dont j'avais eu d'ailleurs personnellement la preuve, en recevant son remarquable écrit sur la question du sucre indigène, après une séance où j'avais pris part à la discussion d'un projet de loi spécial.

» Oui, comme par le passé, il étudie soigneusement les besoins de ce peuple français qu'il semble aimer plus encore depuis qu'il en est séparé, et il les étudie avec le double avantage d'une expérience acquise au milieu de succès immenses, et de non moins immenses déceptions. C'est, en effet, après de telles épreuves qu'un esprit aussi méditatif que le sien peut se rendre un compte exact de ce qu'il y a de réalisable dans une foule de séduisantes théories, et ces épreuves, il faudrait, pour le bonheur des peuples, que ceux qui sont appelés à les gouverner les eussent préalablement subies. Mais ce ne sont ni des axiomes ni des pensées philosophiques qui doivent trouver place dans ce livre où je me fais simple narrateur de ce que j'ai vu de mes propres yeux, hommes et choses, depuis cinquante ans, et je me hâte d'en terminer les quelques pages consacrées aux instants que j'ai passés près de la famille impériale.

» L'Impératrice, dont je n'ai pas encore parlé, a un peu perdu de l'embonpoint qu'elle avait acquis vers les dernières années de sa présence aux Tuileries, mais ce n'est certes pas au préjudice de la beauté de sa figure et de la grâce de sa personne. Sa physionomie emprunte même un charme saisissant à la mélancolique dignité qui s'y reflète et qu'on s'étonnerait de n'y pas trouver après les terribles événements qui se sont produits sous ses yeux. Si le sourire glisse parfois sur ses traits plus accentués, c'est, on s'en aperçoit, pour témoigner quelque plaisir de les voir à ceux qu'elle reçoit avec une exquise bienveillance. Mais ce sourire prend chez elle une touchante expression d'orgueil maternel, lorsque apparaît son fils que je n'avais vu qu'enfant, et dont les deux dernières années ont fait un grand jeune homme à l'air robuste, au regard intelligent, et aux manières pleines de franchise et de vivacité. « J'étais, » me dit-il, au travail, quand l'Empereur m'a appris » que vous alliez partir, et j'y retourne après vous » avoir serré la main, bien persuadé que vous com- » prendrez qu'à mon âge, l'heure de l'étude ne doit » pas être interrompue. »

» Il ne les interrompt pas, en effet, ces heures par lui si bien occupées, et il les met surtout à grand profit, si je m'en rapporte à ce qui me revient des preuves qu'il a plusieurs fois données de son instruction déjà solide et variée; aussi jamais jeune exilé n'a rencontré plus de témoignages de sympathie qu'il n'en recueille partout où le conduit son désir de s'instruire; douce, mais bien insuffisante consolation pour une âme française non-seulement par la naissance, mais surtout par les inspirations qu'à tous les instants elle reçoit de ceux qui la dirigent. Quelle sera-t-elle la destinée de ce prince, qui semblait, il y a deux ans, n'avoir qu'à attendre pour la voir s'accomplir? Dieu seul le sait, et au moment où j'écris ces lignes, bien téméraire serait une prédiction quelconque sur l'issue de la crise que nous traversons.

» Cette crise, qui, dès son début, a été marquée par tant d'audace et d'incapacité, se signale maintenant par une telle confusion d'idées politiques et sociales, qu'au premier réveil des passions révolutionnaires à peine assoupies, il peut surgir du moindre désordre matériel la plus inattendue des solutions. Nous sommes donc en face de l'imprévu pour toutes choses; mais ce que j'affirme, c'est n'avoir entendu former qu'un vœu, celui du bonheur de la France, dans la demeure qui abrite en ce moment une grande infortune unie à un ardent patriotisme et à une noble résignation.

» Comte MONIER DE LA SIZERANNE. »

§ 3

Telle est la relation de la visite de mon ami M. Monier de la Sizeranne et de la mienne à Chislehurst.

Visite relativement heureuse, que devait suivre, ô mon Dieu! à cinq ou six mois de distance, la fatale catastrophe du 9 janvier.

Mon ami Dugué de la Fauconnerie a bien voulu recueillir, avec mes pleurs, la pauvre couronne d'immortelles que je lui demandais la faveur de déposer sur cette tombe à peine ouverte, et dès aujourd'hui fermée.

A Monsieur Dugué de la Fauconnerie, directeur politique de L'ORDRE.

Permettez-moi, mon cher ami, d'ajouter quelques mots aux communications que déjà vous avez dû recevoir sur Celui qui remplit aujourd'hui toutes les pensées et tous les cœurs.

Je ne parle pas du souverain, de ce grand souverain qui, par vingt années de prospérité et de gloire, a pris place au premier rang dans notre histoire. L'histoire, qui déjà a commencé son œuvre, dira comment un jour néfaste a trahi sa fortune et son patriotisme ; et comment cette seule journée a suffi pour déchaîner, sur un règne honoré, tous les flots de la haine et de la calomnie.

Déjà la vérité éclairait les ténèbres de cette fatale défaite, quand le prince, qui a vainement cherché la mort sur le champ de bataille, la trouve dans l'exil.

Il y a quelques mois à peine, je voyais l'Empereur à Camden-Place, calme, triste et confiant. Cette confiance, je la partageais avec lui. Avec lui je partageais sa douleur des maux de la patrie, de cette patrie qui perd avec lui une de ses espérances, en perdant un cœur généreux et noble.

Vous connaissiez, vous aussi, ce patriotisme honnête et pur, cette âme d'élite, cette nature élevée, chevaleresque, cette aménité, cet esprit doux et ferme, mélancolique, rêveur et résolu, ce courage impassible, cette froideur apparente, cachant des trésors de tendresse et de bonté, cette inaltérable bienveillance, toutes ces qualités enfin qui, par leur charme, attiraient à lui le respect et le dévouement.

Et tout cela disparaît aujourd'hui ! et il ne nous en reste, à nous tous qui l'avons connu et tant aimé, qu'une amère douleur et un désespoir profond !

Savez-vous ce que j'avais toujours souhaité pour lui, c'était qu'il fût connu de tous, amis et ennemis : les amis, en pénétrant dans cette intimité qui jamais ne franchissait les limites du respect, l'adoraient tendrement ; ses ennemis eussent été tous désarmés.

C'est que sa bonté sans apprêt, sans ostentation, était inépuisable. Sa modestie, voisine de la timidité, écoutait tous les avis, les recherchait même. Sa loyauté était infaillible, sa parole sacrée. Son égalité d'humeur ne se démentait jamais : dans la bonne et dans la mauvaise fortune, il était toujours le même : à Ham, comme à l'Elysée, aux Tuileries comme à Chislehurst, sa main livrait toujours son cœur, quand elle s'ouvrait avec confiance. Son regard même, volontairement voilé et muet, s'animait d'une séduction affectueuse aussi irrésistible que sa simplicité et sa bonhomie. Sa haute distinction, inséparable de sa grâce de gentilhomme, un fond d'apparente tristesse, qu'éclairait de temps à autre un sourire doucement railleur, formaient l'ensemble de cette physionomie aimable et bonne, où se réfugiaient comme dans un sanctuaire les pensées graves, sérieuses, élevées, les secrets impénétrables, comme l'expansion la plus communicative, lorsqu'il prenait un bras ami ou entamait une causerie familière (1).

Du reste, indulgent pour tous, impartial, il n'avait d'antipathies, de rancunes pour personne. Oublieux des injures, des ingratitudes, il pardonnait, excusait toutes les faiblesses.

Tel était, vous le savez, l'homme privé. Mais ce qui le signalait particulièrement, c'était sa tendresse paternelle : qui ne l'a vu avec son fils ne le connaissait pas. Il le couvrait de son amour qui était entre eux deux comme une sorte de magnétisme. Dans les conversations habituelles, l'Empereur, le bras autour de la tête de son enfant, paraissant heureux de ce contact silencieux, poursuivait son dialogue avec son interlocuteur; puis le jeune Prince, embrassant avec effusion son père, le quittait pour ses études ou le repos. Groupons-nous autour de la noble veuve, épouse et mère, grandie au milieu de nos catastrophes héroïquement traversées par elle; groupons-nous, serrons-nous autour de cet enfant, héritier de tant de malheurs et d'une race immortelle ! Le repos est désormais pour son père, le labeur pour lui !

Croyez, mon cher ami, à mes sentiments dévoués.

9 janvier 1873.

(1) Combien de fois j'ai essayé de dépeindre cette nature curieuse et privilégiée. Voyez *la France sous Napoléon III*, tome I, pages 117, 118, 119, 227, 228; tome II, pages 115, 116, 120, 126, 243.

§ 4.

C'était à Chislehurst que j'avais trouvé le bienveillant souvenir de mon dévouement à l'Empire ; et c'est ce souvenir, disproportionné avec mon faible tribut, que l'Empereur daignait me rappeler dans la lettre qu'il m'envoyait l'été dernier, avant mon voyage en Angleterre :

« Camden-Place, Chislehurst, le 23 juin 1872.

» Mon cher monsieur Evariste Bavoux,

» Je tiens à vous dire combien je suis touché des preuves que vous me donnez de votre dévouement, que le malheur n'a pas affaibli. J'ai lu avec le plus vif intérêt les brochures que vous avez publiées et je vous en remercie sincèrement.

» Recevez, la nouvelle assurance de mes sentiments d'amitié.

» **NAPOLÉON.** »

Billet daté de l'exil, que je ne puis plus demander à l'exilé de Chislehurst la permission de reproduire, comme me l'avait permis, dans les derniers mois de l'Empire, le monarque du palais des Tuileries pour une lettre qui m'avait été adressée par le prisonnier de Ham. Contrastes touchants et philosophiques des grandeurs et des infortunes, des joies et des misères humaines !

§ 5. — MORT DE L'EMPEREUR

Il n'est plus, celui que nous avons tant aimé. Il n'est plus, le meilleur des hommes, un des meilleurs souverains que jamais ait eus la France. Il avait tout pour pour lui, et pour nous : grandeur d'âme, élévation de cœur et d'esprit, amour du peuple, amour du pays, désintéressement, abnégation, loyauté, courage, simplicité. Si simple en effet que sa modestie cachait sa grandeur, et voilait le respect qu'inspirait aux plus intimes sa dignité empreinte de bonté.

Doux et bienveillant, il était inaccessible à la haine, si ce n'est à celle de l'anarchie. C'est ce qui faisait sa force et son autorité, mitigée de la plus ineffable indulgence.

Je n'ai jamais connu de nature plus sympathique et plus sincèrement affectueuse. Aussi l'affection qu'il inspirait s'est-elle changée en une douleur ineffaçable dans le souvenir des amis qui l'ont perdu.

« Mon père était, prétend-on, silencieux, disait un » de ces jours derniers le jeune Prince, en larmes; » mais que de choses il m'a dites qui me restent gra- » vées dans la mémoire et dans le cœur. »

§ 6.

L'*Union médicale* publiait récemment un article très curieux, duquel il résulte que la maladie dont l'empereur Napoléon était atteint, avait été constatée, peu de jours avant la guerre de 1870, par les chirurgiens français.

Voici les deux passages les plus intéressants de cet article :

« Nous sommes en mesure d'opposer des faits et des documents précis aux impressions qui sont nées de publications mal renseignées.

» Ces faits et documents, les voici :

» Le 1er juillet 1870, l'Empereur se trouvant très souffrant, une grande consultation eut lieu au palais des Tuileries.

» Les médecins consultants étaient : MM. Nélaton, Ricord, Fauvel, G. Sée, Corvisart.

» Par suite de la délibération qui eut lieu entre ces éminents confrères, M. G. Sée fut chargé de la rédaction de la consultation, que M. Conneau fut invité à faire signer par tous les consultants.

» Cette consultation, qui concluait à la présence

d'un calcul et à la nécessité d'une opération, ne fut pas, dit-on, communiquée à l'Impératrice.

» Le récit qui précède ce document nous a été fait hier par M. le professeur G. Sée lui-même, en présence de M. le docteur Ricord, qui nous en a attesté la complète exactitude.

» Il résulte de ces faits et de ce document, tout à l'honneur de la science médicale française, que les médecins français, le 1er juillet 1870, c'est-à-dire il y a deux ans et demi, avaient aussi formellement que possible, et par les seuls signes rationnels, diagnostiqué l'existence d'un calcul vésical chez l'Empereur, sollicité et conseillé l'exploration directe immédiate, et que ce n'est que trente mois après cette consultation que les prévisions et le diagnostic de nos compatriotes ont été vérifiés par les médecins anglais.

» Mais, par sa date du 3 juillet 1870, ce document acquiert une importance historique considérable. N'est-il pas infiniment probable que si cette consultation eût été communiquée à l'Impératrice, l'exploration eût eu lieu, l'existence d'un calcul eût été confirmée, l'Impératrice eût demandé et obtenu le traitement immédiat, et que la déclaration de guerre, faite trois jours après, eût été certainement différée et peut-être abandonnée (1). »

Pour être parfaitement exact, on doit pourtant ajouter que cette opinion, très sérieuse assurément, est pourtant l'opinion particulièrement personnelle à l'honorable docteur G. Sée, sous réserve de celle de ses autres confrères.

La leur, sur ce fait du 3 juillet 1870, comme sur les faits ultérieurs de Chislehurst, jusqu'au dénouement fatal, est consignée dans des procès-verbaux qui ne verront que plus tard le jour.

Cependant, on peut dès aujourd'hui rendre un public hommage aux soins éclairés et prudents des deux savants maîtres Thompson et Gull, modèles de science et de dévouement.

(1) Journal *la Patrie*, 11 janvier 1873.

Au surplus, sans prétendre au rôle d'historiographe de cette lugubre nécrologie, nous devons à notre conscience cette affirmation que nous n'avançons pas un fait, même une assertion sans l'avoir préalablement soumise à une minutieuse investigation.

§ 7.

Dans le mois de décembre 1872, M. Rouher, revenant de Chislehurst, nous racontait en confidence la résolution du docteur Thompson de préparer par des soins hygiéniques l'Empereur à l'opération chirurgicale.

Ce fut le 2 janvier qu'elle eut lieu. Deux jours après, une sinistre rumeur courait à la Bourse, qui heureusement était fausse, de sorte que, quand celle du 9 recommença à circuler, personne n'y croyait. Malheureusement cette fois, c'était la vérité, l'horrible vérité. L'auguste martyr avait succombé sous l'instrument fatal, victime de douleurs atroces, de souffrances physiques et morales, intolérables quoique tolérées par lui héroïquement, sans plaintes, sans murmures, avec la résignation du sage, du chrétien, avec l'inaltérable égalité d'humeur qu'il opposait aux calomnies, aux fureurs de ses ennemis ; car lui, le modèle de toutes les qualités les plus rares, les plus inoffensives, il avait des ennemis !

Son oncle, Napoléon Ier, sur son rocher de Sainte-Hélène, semblable à Prométhée sur le mont Caucase, succombait aux tortures qui rongeaient ses entrailles. Ainsi en fut-il de Napoléon III, né le 20 avril 1808 au palais des Tuileries, d'une mère adorable et adorée, adorée comme sa mère l'Impératrice Joséphine ; il avait à peine sept ans, quand il dut quitter la France pour l'Italie et la Suisse où, pour la première fois, vers 1839, j'avais l'honneur de le voir au château d'Areinemberg. C'était sur les bords enchantés du lac de Constance. Mes notes de voyage en Italie rappellent ainsi ce détail : « Exil de la reine Hortense. Exil de son fils. Visite aux exilés. Château de God-Liben, restauré par le prince Louis. Délicieux séjour. Délicieux souvenirs ! »

Et en effet, en 1844, l'exilé d'Areinemberg, après la vie aventureuse et légendaire qui, de l'école de Brientz l'avait conduit à Boulogne et Strasbourg, expiait à Ham les rêves de sa foi politique. Là, je le vis souvent, plus souvent et surtout plus intimement qu'aux Tuileries, sans me douter que les portes de l'exil dussent s'ouvrir encore, pour l'Empereur tout-puissant, à Wilhemsoë, l'ancien château du roi de Westphalie, son oncle, le roi Jérôme, et à Chislehurst. Dernier exil sur cette terre, si accidentée pour lui.

Il l'a quittée pour toujours, laissant derrière lui un long sillon de gloire et d'immortalité.

Ce prince aimable et bon, poussé par son ardent patriotisme qui l'avait jeté dans la mêlée politique pour relever l'héritage et accomplir la mission providentielle de son nom en France, avait un jour affronté, triste, déjà malade, la lutte gigantesque avec la redoutable Prusse. Sedan fut pour lui ce que Sadowa avait récemment été pour l'Autriche. Mais par suite des excès insensés de l'esprit français, Sadowa était plus reproché en France à l'Empereur Napoléon qu'en Autriche à l'Empereur François-Joseph.

Qui le croira d'ailleurs ? François-Joseph en Autriche ; en France même, saint Louis, Jean le Bon, François Ier, Louis XIV ; en Suède, Charles XII à Pultawa ; à Narva, Pierre-le-Grand ; parfois, dans la guerre de sept ans, Frédéric-le-Grand, ont pu subir, une fois, plusieurs fois, l'éclipse de leur fortune militaire sans tomber du trône : Napoléon Ier et Napoléon III ne l'ont pas pu, et ils ont eu tous deux cette destinée étrange de n'être tombés sous la révolution intérieure qu'avec cette complication, honteuse pour la révolution en France, d'avoir été aidée dans son œuvre de démolition gouvernementale par les armées étrangères, un jour victorieuses du premier, puis du second Empire. Victorieuses de la France une fois, une seule fois, après de nombreuses défaites infligées à leurs armes par les nôtres. D'où la conclusion toute moderne et inouïe dans l'histoire du monde, qu'en France il n'y a plus pour un gouvernement que cette option suprême : vaincre ou mourir.

Sedan, Reischoffen, qui ont été pour nos légions, au jugement du maréchal Mac-Mahon, une défaite sans avoir été, à beaucoup près, une honte, sont devenus un signal révolutionnaire. Le 4 septembre a changé en catastrophe et en désastre un échec terrible, mais non pas désastreux, si la paix eût alors été faite, et non pas la plus odieuse des révolutions.

L'Empereur prisonnier alla, après la paix, en Angleterre. Retiré à Chislehurst, il y vivait dans le silence et la méditation.

C'est alors que l'affection dont il était atteint, aggravée certainement par les angoisses morales que sa fermeté d'âme dominait sans doute, mais ne détruisait pas, prit des développements tels que la démarche de M. Rouher coïncida avec la détermination inévitable de décembre, dont nous venons de parler. L'opération fut résolue.

« Docteur, dit Sa Majesté à M. Thompson, quand pensez-vous que je puisse monter à cheval? » — Cinq semaines environ après l'opération, répondit le chirurgien.

§ 8.

On sait le reste; on sait le fatal dénouement. On sait l'émotion, immense, inattendue qu'il répandit partout. L'Empereur est mort! L'Empereur est mort! « Great Emperor! répètent de toutes parts les Anglais. Great Emperor!» En Angleterre, en France, en Italie, en Allemagne, en Europe, l'électricité porte la commotion universelle, et Celui qui, hier à peine, était un exilé paisible, silencieux, protégé par l'estime et l'admiration muette des hommes honnêtes contre les lâches calomnies, les indignes turpitudes de ses détracteurs, en France, devient tout à coup le héros du monde.

> Quels témoins éclatants devant *Lui* rassemblés !
> Répondez, cieux et mers, et vous, terre, parlez !

Oui, vers les cieux s'élèvent tous les regards, chargés de prières et de larmes ; oui, terre et mers transportent ces immenses convois de fidèles accourant à ces impériales obsèques comme à une croisade sainte.

Oui, cette pompe, hélas ! funèbre, se transforme en pompe triomphale. Ce n'est plus une cérémonie funèbre, c'est une apothéose.

Cher et auguste souverain, diffamé pendant sa vie, réhabilité à sa mort. Oui c'est la revanche de la raison et de la conscience universelle contre les infamies et le mensonge.

« Allez, s'écrie avec son accent convaincu un écri-
» vain d'honneur (1), tout ce que vous pourrez dire
» n'empêchera pas que ce qui est aujourd'hui et ce qui
» sera demain n'ait été. Tout ce que vous pourrez dire
» n'empêchera pas que ce tribunal imposant, recruté
» dans ce que l'Europe entière compte d'autorités im-
» partiales, n'ait cassé le jugement rendu sans preuves
» valables et sous l'influence de passions aveugles, par
» des juges sans conscience et sans mandat. Ce n'est
» pas un acquittement pur et simple, c'est une réha-
» bilitation solennelle et motivée. Et ceux-là seuls pro-
» testeront contre elle, dont elle déjoue les prétentions
» et ruine les espérances. »

Mercredi 15 janvier est un grand jour pour l'Angleterre : elle a donné à l'Univers un exemple inconnu d'hospitalité grandiose. Le soleil lui-même l'inondant de ses rayons semblait la remercier de la solennelle justice qu'elle rendait au Monarque *déchu*, La Reine écrivait à l'Impératrice : *ma Sœur*, et s'associait en effet à son royal deuil. Le prince de Galles venait embrasser l'héritier de l'Empereur, et les funérailles, sous la conduite du pauvre orphelin, en pleurs, s'accomplissaient majestueuses de tristesse, au milieu des hommages diplomatiques de l'Europe entière.

Le lord-maire de Londres, accompagné des shériffs,

(1) M. Emile Blavet, *Gaulois*, 17 janvier 1873.

précédait dans le cortége le général Simons qui, nous rappelant le général Dufour, commandant l'Ecole d'artillerie de Brientz, où étudiait le jeune Louis Bonaparte, commanda, lui aussi, l'Ecole d'artillerie de Woolwich, dont les élèves avaient sollicité l'honneur de se presser autour de leur bien-aimé camarade. Le grand chambellan de Sa Majesté la reine d'Angleterre la représentait à ces obsèques.

Une députation d'ouvriers français était au premier rang de cette longue file d'ambassadeurs, de ministres, de sénateurs, de députés, de conseillers d'Etat de l'Empire. Les ouvriers saluaient de leurs respects le souverain populaire, dont la vie et les préoccupations laborieuses ont pour emblême les abeilles semées sur le drap mortuaire du cercueil impérial, comme symbôle du travail et de la démocratie.

Au milieu de ces milliers de courtisans du malheur et de l'exil, régnait un silence religieux, qu'interrompaient seuls le son des cloches et le chant des oiseaux; chacun, la tête nue, dévorait ses larmes, suivant pieusement le char traîné par huit chevaux à la sombre chapelle.

Au retour, le fils de Napoléon III monta dans la voiture qui fut appelée à haute voix par l'officier des cérémonies comme celle de... l'héritier de Napoléon III. Rentré à Camden-Place, il reçut avec dignité et une noble douleur tous les visiteurs qui se présentèrent. Là encore un épisode fut remarqué : le jeune Prince, entouré, pressé par un grand nombre d'ouvriers, qui tous criaient : « Vive l'Empereur! vive son fils! vive Napoléon...! » de la main, cherchant à calmer ces cris, leur dit : « Ne criez pas : vive l'Empereur; crions tous : vive la France! »

Bientôt la foule s'écoula lentement, sérieusement, manifestant ses humbles hommages à l'Impératrice.

Le lendemain, la royale veuve, s'arrachant à sa retraite, crut devoir à ces innombrables visiteurs un effort suprême : tous l'attendaient dans la longue galerie du rez-de-chaussée ; à travers le silence respectueux de cette foule, tout-à-coup des sanglots étouffés se font entendre : c'est l'Impératrice, vêtue de noir, couverte d'un long voile, se soutenant avec peine à la rampe, elle descend les marches de l'escalier à l'extrémité de la galerie : brisée, chancelante, elle donne la main aux uns, un salut aux autres. Mais par un mouvement unanime, instinctif, chacun s'incline, se prosterne, s'agenouille devant la veuve auguste, et bientôt tout le monde est à genoux ; chacun embrasse sa main, cette main tant de fois, du haut de son trône naguère, ouverte à l'infortune et aujourd'hui couverte de pleurs. Son fils, grand, digne jeune homme, à l'attitude ferme, douce, vient auprès de sa mère, soutient un de ses bras, dès aujourd'hui, mon Dieu ! devenant son seul appui. Tous deux, traversant ces rangs éplorés, semblent fortifiés par le sentiment du devoir et par cette mystérieuse unanimité des cœurs. Jamais, non, jamais spectacle semblable n'a honoré la nature humaine : l'exil, le martyre, la monarchie, la grandeur d'un règne immense de vingt années prospères, le souvenir des gloires de Crimée, d'Italie voilées par la mort et par une sombre éclipse, mais vivant encore au cœur de l'Angleterre, au nom d'Inkermann et de Sébastopol, imprimaient à cette scène plus de majesté que n'en auraient prêtée à Napoléon III, mourant sur le trône, toutes les splendeurs des funérailles impériales, du palais des Tuileries à la basilique de Saint-Denis.

La nation anglaise, par sa simplicité, répondait à celle du plus simple et du plus généreux des hommes. Que ses mânes vénérées se consolent au séjour céleste des amertumes dont les dernières années de son existence ont été abreuvées. La justice divine n'a pas abandonné son cours, et s'il paraît suspendu au sein de nos abominables discussions, il montrera bientôt sa puissance en entraînant dans l'oubli, dans l'abîme, les criminelles pensées, les noires turpitudes de l'ingratitude humaine !

Victime de cette ingratitude, l'Empereur à l'agonie n'a-t-il pas, au moment solennel où il exhalait sa grande âme au sein de l'Éternel, prononcé, à voix basse, ces derniers mots, à son vieil ami, veillant à son chevet : « Conneau, vous étiez à Sedan !... » Puis il s'est éteint. Et son cœur, son génie, dévoués à son pays, à son fils, accablés sous le poids de ces mortelles iniquités, amoncelées depuis le 4 septembre, ont laissé à son fils, à sa patrie, le soin d'une réparation qu'il n'a pas vue, mais qui, dès le lendemain, se levait radieuse comme le soleil, comme lui éternelle, sur son cercueil, encore ouvert, sur son règne de vingt ans au palais des Tuileries.

DEUXIÈME PARTIE

PALAIS DES TUILERIES

N'ayant la pensée de recueillir que quelques souvenirs épars dans mon esprit et dans mes notes, je crois devoir suivre l'ordre chronologique, sans acception de système plus ou moins méthodique.

§ 1. — PLOMBIÈRES.

Ainsi ma mémoire me signale d'abord, comme occasion plus fréquente d'entretiens avec l'Empereur, son séjour à Plombières. J'y étais dans l'été de 1858, depuis plusieurs semaines, quand Sa Majesté y vint, sans autre suite que celle d'un aide de camp, de M. Mocquard, son chef de cabinet, et du prince de la Tour-d'Auvergne, officier d'ordonnance. Ses promenades, les travaux dont il s'occupait avec plaisir pour créer et dessiner le parc des Baigneurs, m'offraient souvent le charme de causeries sur lesquelles sa mort répand aujourd'hui un deuil désormais ineffaçable.

Plusieurs fois il nous fit l'honneur de nous inviter à

dîner en très petit comité. A peine étions-nous six ou sept assis à sa table, le marquis et la marquise de Douglas, depuis duc et duchesse de Hamilton, par exemple; le général aide de camp; Mocquard; parfois le baron et la baronne Gourgaud; le général Alexandre, etc.

Le 17 juillet, nous dînions à la villa impériale avec le préfet des Vosges, mon ami La Guéronnière, jeune frère de mon collègue vicomte de La Guéronnière, maintenant réfugié dans la presse, comme aux débuts de sa carrière. Après le dîner, Sa Majesté me prenant par le bras, m'emmena faire quelques tours du jardin particulier, de plain pied avec la salle à manger.

E. B. — Vous ne savez pas, Sire, quelle a été mon occupation pendant les six semaines que j'ai passées ici?

L'EMPEREUR. — Non. Qu'avez-vous fait? (Il m'entraîne pour nous promener à part.)

E. B. — J'ai lu, relu et étudié les œuvres de Votre Majesté.

L'EMPEREUR. — Oh! il y a là bien des rêves de jeunesse, bien des illusions.

E. B. — Peut-être; néanmoins, ce sont des idées généreuses dont la pratique peut récuser la précision positive, mais dont la théorie a pris sa source à de nobles sentiments. Et puis, si j'ai un peu négligé dans cette étude l'aspect politique, c'est que tout le monde aujourd'hui apprécie la grandeur des desseins, l'importance incontestée des services, l'élévation des vues de Sa Majesté; c'est donc moins tout cela qui m'a frappé, que le mérite de l'écrivain et la chaleur de l'âme loyale qui se fait aimer.

Le style est merveilleux et saisissant. A votre couronne, Sire, manque un fleuron, la palme académique. L'Empereur, votre oncle, était de l'Institut; au point de vue littéraire, il avait moins fait que Napoléon III. (Ici l'Empereur sourit.)

Mais ce qui me ravit dans ces œuvres qui comprennent tant de sujets divers, c'est le charme du cœur qui se révèle avec un intérêt si touchant. Oui, Sire, je vous le dis avec une sincérité qui peut ressembler à une sorte de flatterie, mais qui n'est que l'expression de mon impression la plus intime, et comme un écho de ces sentiments si profondément vrais, que j'ai savourés avec délices dans les ouvrages de Votre Majesté. Permettez-moi de vous le dire, moi qui ai l'honneur de vous connaître depuis si longtemps, je suis convaincu que si on admire la supériorité intellectuelle de Votre Majesté, on ne sait pas généralement assez combien Elle mérite d'être aimée. Je dirai même que l'administration ne s'attache pas assez à faire connaître et aimer Votre Majesté. Ce devrait être là une partie principale de sa tâche, et elle ne paraît pas assez y songer.

C'est cette portion des œuvres de Votre Majesté que je lisais précisément à ces dames, ma femme, Mme et Mlle Schneider, qui en étaient charmées, je dirai même, à certains passages, émues.

L'EMPEREUR —Vous êtes bien bon de me juger ainsi.

E. B. —C'est mon opinion consciencieuse, Sire, moi qui ai plus d'une fois avoué à Votre Majesté le charme irrésistible qu'Elle exerce sur moi, comme sur tous ceux qui l'approchent.

L'EMPEREUR. — Je vous remercie. Je sais toute votre affection pour moi. Vous êtes de mes vieux amis et vous me jugez avec trop d'indulgence.

Mais dites-moi; vous me parlez de Mme Schneider; est-ce qu'elle est partie?

E. B. — Oui, Sire, hier.

L'EMPEREUR.— J'ai eu l'autre jour avec son mari un entretien dont j'ai été enchanté.

E. B. — Lui aussi; je le sais, il m'a dit tout le bonheur qu'il a emporté de la conférence que Votre Majesté a daigné lui donner pendant quelques instants dans son cabinet.

L'EMPEREUR. — M. Schneider est un esprit très distingué.

E. B. — Oui, Sire, très sagace et bien pénétré de la nécessité de dire toujours la vérité sur toutes choses à Votre Majesté.

L'EMPEREUR. — Sans doute, et c'est pour cela que

j'aime tant mon séjour ici. J'y apprends plus en quelques semaines, par mes communications fréquentes avec l'un, avec l'autre directement, que dans mes relations officielles de toute l'année. Ainsi, en quittant Plombières, je vais faire un grand voyage solennel, imposant en Bretagne, en Normandie ; il sera fort beau sans aucun doute, mais entre nous, ce n'est pas tout plaisir ; c'est une rude tâche qu'en style militaire on pourrait parfois appeler une corvée. Entr'autres observations de fait, il en est une qui attire particulièrement mon attention, c'est la difficulté de hâter l'expédition des affaires.

E. B. — Votre Majesté veut parler de la décentralisation qui, sous d'autres rapports, rencontre tant d'obstacles.

L'EMPEREUR. — Non, je ne parle pas de la décentralisation ; je parle du moyen de presser la solution des affaires. C'est un problème à étudier.

Mais pour en revenir à ce que nous disions, vous avez tort de croire qu'on ne me dit pas la vérité.

E. B. — Non, Sire, on ne vous la dit pas. On n'ose pas. Et ce qui est le plus étrange à mes yeux, c'est que les hommes les plus élevés par leur position, les ministres eux-mêmes, qui devraient mieux que personne connaître Votre Majesté, savoir combien son esprit est libéral et avide de la vérité, n'osent pas la lui dire. Ils sont moins dévoués pour la plupart à Votre Majesté, pour Elle que pour eux-mêmes et craignent de Lui déplaire en la contredisant. Qu'en résulte-t-il ? C'est qu'ils cherchent moins l'intérêt sérieux de votre gouvernement, que leur propre intérêt, qu'ils croiraient compromettre par leur franchise.

Ils ne savent pas que le plus grand service qu'ils puissent rendre, le plus grand plaisir qu'ils puissent causer à Votre Majesté, c'est de lui dire tout. Ah ! sans doute, si, comme c'était autrefois de mise sous le régime parlementaire, la vérité dite au souverain était bruyante, hautaine, absolue, et sous prétexte d'avertissement et de conseil, ressemblait à une remontrance, et proclamée par les fenêtres, agitait l'opinion publique, la soulevait pour ou contre le gouvernement, lui infligeant une défaite ou tout au moins un échec, oh ! alors, assurément, Votre Majesté n'aimerait pas la vérité ainsi vêtue. Mais la vérité à huis clos, en petit comité, autour d'un tapis vert ; la vérité simple, modeste, respectueuse, convaincue, Votre Majesté la recherche et l'aime.

L'EMPEREUR. — Oui, assurément, c'est mon premier vœu, car c'est mon premier intérêt. N'ai-je pas intérêt à connaître la vérité pour gouverner de mon mieux ?

E. B. — Certainement, Sire. Et c'est pour cela que tous les jours je me révolte contre cette espèce de pression que, par un très bon sentiment sans doute, mais fautif, on exerce souvent sur nos délibérations. Ainsi, je puis le déclarer sans réticence, car il s'agit d'un homme que personne plus que moi n'apprécie ce qu'il vaut, M. Baroche est un esprit très distingué, très varié, très habile, inspiré par un dévouement très sincère à Votre Majesté.

L'EMPEREUR. — Certainement ; vous jugez très bien M. Baroche, c'est un excellent esprit.

E. B. — Je ne suis donc pas suspect en combattant une habitude de notre honorable président de faire trop souvent intervenir le nom et la volonté de l'Empereur dans des discussions qui, précisément, ont pour objet de fournir les éléments de décision à Votre Majesté ; sans cesse on vient nous dire ouvertement ou tout bas : l'Empereur le veut. Et souvent il arrive qu'après avoir, à son insu, enlevé ainsi par cette pression un vote au Conseil d'État, Votre Majesté, éclairée par la minorité qui, sans cette pression, eût été majorité, émet une opinion contraire à l'opinion, réellement dénaturée, de la majorité, au grand dommage de notre dignité et de l'intérêt public, qui se trouverait mieux de l'opinion vraie et sincère du conseil consulté.

L'EMPEREUR. — Oui, vraiment. C'est ainsi que j'entends le jeu constitutionnel de nos institutions. Il est toujours difficile de mettre en mouvement une constitution nouvelle. Mais je comprends bien, comme vous, l'exercice du rouage qui s'appelle le Conseil d'État. Le Conseil d'État doit être, selon moi, un grand conseil des ministres. Or, comment se passent les choses au conseil des ministres? Nous sommes tous autour du tapis vert, émettant simplement, franchement, *b ur-geoisement* notre opinion, sans apprêt, sans prétentions oratoires. Eh! bien, je le répète, il en doit être ainsi au Conseil d'Etat. Rarement, j'ai une opinion arrêtée, et même dans ce cas, je ne demande pas mieux que d'entendre les observations sérieuses et consciencieuses. Mais, presque toujours, je consulte le Conseil d'Etat pour avoir les raisons qui déterminent son vote et vraisemblablement le mien. Autrement, le mécanisme est faussé. Mon gouvernement, représenté par mes ministres, s'expose à être battu devant le Conseil d'Etat. J'ai vu cela une fois dans une séance du Conseil d'Etat que je présidais : un projet ministériel a été attaqué et renversé par le Conseil. Il n'en doit pas être ainsi. Ni mes ministres ni moi nous ne devons être exposés à une défaite devant le Conseil, par la raison que nous ne vous soumettons pas une résolution prise par les ministres ou par moi, mais un avis que nous vous demandons sans parti pris.

E. B. — Je ne saurais dire à Votre Majesté combien je suis heureux de trouver sa pensée si conforme à la mienne. Je ne me lasse pas de répéter à tout venant : « Mais vous ne connaissez pas l'Empereur! Vous ne savez donc pas qu'il recherche avec avidité la vérité, et que c'est le trahir que de la lui cacher. » A tout moment, dans nos délibérations, on fait apparaître *Croquemitaine*. Croquemitaine, Sire, c'est vous.

L'EMPEREUR. — C'est bien malgré moi, dit l'Empereur en souriant, qu'on me fait jouer ce rôle.

E. B. — A qui le dites-vous, Sire? A moi qui vais sans cesse invoquant un témoignage éclatant, au sein du Conseil d'Etat lui-même, de l'impartialité et de la haute raison de Votre Majesté. Dans la question des assurances agricoles, Votre Majesté, nous disait-on, l'avait prise sous sa tutelle.

L'EMPEREUR. — C'est vrai, l'idée m'avait séduit.

E. B. — Nous aussi, et notre section, Sire, saisie de l'examen de ce projet, avait dû le repousser, malgré sa séduction apparente, comme théorie, malgré l'apostille supposée de Votre Majesté, par suite des difficultés pratiques qui nous ont semblé en rendre la réalisation inadmissible.

Eh bien! qu'est-il advenu de la séance générale, solennelle où cette question a été débattue sous la présidence de Votre Majesté? M. Cornudet, notre collègue, organe éloquent des objections qui s'élevaient contre ce projet, a convaincu Votre Majesté, et Votre Majesté, avec cette loyauté qui n'appartient qu'aux grandes âmes, est venue trouver M. Cornudet à sa place et lui avouer qu'Elle avait été convaincue par lui. Cet exemple est éclatant, et je l'ai souvent invoqué comme une preuve du devoir qui nous est départi de vous dire toujours la vérité; à une seule condition, c'est qu'après vous avoir dit ce qui nous paraît être la vérité, nous devenions ensuite les agents les plus dévoués et les plus soumis de la décision de Votre Majesté. Tout conseiller, autorisé ou appelé par Votre Majesté à lui dire son avis, le lui doit en toute sincérité. Mais il faut ensuite, selon moi, qu'après lui avoir parlé franchement, il oublie, après la résolution prise par Votre Majesté, sa propre opinion, pour ne plus voir que celle adoptée par l'Empereur. Sans cela, la vérité d'un chacun se dressant à chaque pas, heurtant à chaque pas Votre Majesté dans sa marche, l'arrêterait sans cesse, et, je le conçois, lui plairait peu ainsi.

Mais ce qui plairait beaucoup à Votre Majesté, j'en suis certain, ce serait la liberté des opinions dans les séances du Conseil, si Votre Majesté en était plus souvent témoin et la provoquait davantage par des communications plus fréquentes. Ainsi, nos séances présidées de loin en loin par Votre Majesté, empruntent à la présence trop rare de Votre Majesté une solennité trop imposante, qui fait de ces séances une sorte de tournoi oratoire où l'ambition légitime de briller devant Votre Majesté, dénature le caractère de nos délibérations. Si au contraire Votre Majesté, comme l'Empereur Ier, présidait plus souvent son Conseil d'Etat, d'abord on serait plus pénétré de l'esprit même du Gouvernement,

ensuite la discussion des affaires y gagnerait en simplicité.

L'EMPEREUR. — C'était et c'est bien encore ma pensée.

E. B. — Ce sont les occupations de Votre Majesté
qui l'empêchent de la mettre à exécution?

L'EMPEREUR. — Non, ce n'est pas cela précisément,
mais c'est que l'habitude n'en a pas été prise. Au surplus, il serait bien possible que je prisse cette coutume
de présider une ou deux fois par semaine le Conseil
d'Etat, pendant toute la séance ou une partie de la
séance, quel que soit l'ordre du jour, composé de
grandes ou de petites affaires.

E. B. — Puisse votre Majesté réaliser ce projet! Il
serait fécond en résultats utiles. Aujourd'hui, par exemple, je le dis avec une grande impartialité, car je ne
suis pas financier, mais au point de vue politique, je
suis convaincu que la question qui domine toutes les
autres, c'est la question du budget.

Si nous pouvions guérir cette affreuse maladie qui
s'appelle le régicide.

(A ce mot l'Empereur remue doucement et sérieusement la tête). Si nous pouvions résoudre ce hideux
problème, nous n'aurions plus en face de nous qu'une
seule préoccupation, celle des finances.

L'EMPEREUR. — Mais elles sont en bon état.

E. B. — Sans doute, cependant, au milieu de la
prospérité que nous a faite la paix glorieuse dont vous
avez doté notre pays, il faut, je crois, organiser nos
finances ou plutôt les épargnes de la paix. Eh! bien,
l'examen du budget gagnerait beaucoup à être fait en
présence et avec l'accord de Votre Majesté.

L'EMPEREUR. — Oui, il est important de s'occuper
des finances; mais savez-vous à côté des difficultés
d'affaires, une difficulté très laborieuse pour moi, à
tout moment, c'est celle des personnes.

E. B. — Dans le personnel qui vous entoure, con-
naissez-vous un de mes amis occupé près de Votre
Majesté, M ***?

L'EMPEREUR. — Non, du tout.

E. B.— Je le regrette pour lui et peut-être pour Votre Majesté elle-même, car c'est un homme très capable, très laborieux, très honnête et très dévoué à son devoir. Il a une tâche difficile, dans l'accomplissement de laquelle il serait certainement encouragé et secondé par Votre Majesté. Il m'étonne que Votre Majesté ne connaisse pas un homme placé par ses fonctions si près d'Elle.

L'EMPEREUR. — Que voulez-vous ? Il est très difficile pour moi de connaître les personnes. (Depuis cette époque, Sa Majesté eut de fréquentes rélations avec M. ***, qu'il connut et apprécia beaucoup.)

« Ne trouvez-vous pas, me dit ici l'Empereur, qu'il fait un peu froid ? » Et il se rapprocha du salon.

§ 2.

Pendant un de ces dîners la conversation tomba sur un fer à cheval trouvé dans des fouilles, et que l'Empereur supposait venir des Romains. « Cela n'a rien d'étonnant, dit-il ; je me souviens avoir lu dans la *Cyropédie*, qui m'ennuyait tant, quand j'étais enfant, certains passages relatifs au ferrage des chevaux, assez conforme au nôtre même. Vous, Mocquard, dans vos réminiscences classiques, retrouvez-vous quelque détail de ce genre ? » Non, Sire ; non, répondîmes-nous les uns après les autres. — Le lendemain, fouillant dans ma mémoire, je crus en saisir quelque aperçu, et j'adressai à l'Empereur le billet suivant :

« Sire,

» Les souvenirs classiques de Votre Majesté étaient plus exacts que les nôtres.

» J'ai pu, aujourd'hui, vérifier et constater qu'en effet, Xénophon a écrit un traité *hippique*.

— 47 —

» La *Cyropédie* parle, il est vrai, des chevaux, mais incidemment, comme un des livres des Géorgiques; tandis que le traité spécial de Xénophon en fait le texte d'observations qui ne comprennent pas moins d'une centaine de pages, traduites par M. le baron de Curnieu, dont le nom appartient aux haras impériaux.

» Je suis comme J.-J. Rousseau, trouvant au bas de l'escalier ce qu'il aurait dû dire au salon, et je suis d'autant plus coupable ici que M. de Curnieu, mon ancien camarade au collége Louis-le-Grand, très fort en *grec*, m'envoie ses ouvrages.

» Mais je n'ai pas voulu manquer de rendre à César ce qui appartient à César, et à Votre Majesté l'honneur d'une mémoire plus fidèle que celle d'aucun de ses convives.

» Je ne veux pas non plus quitter Plombières sans remercier Votre Majesté des quelques instants d'entretien si bienveillant et si rapide qu'Elle a daigné me permettre hier encore. Les occasions en seront désormais à Paris trop rares, et m'ont été ici trop précieuses, pour que j'omette de Lui en exprimer ma joie et toute ma gratitude,

» Comme le profond et respectueux dévouement de son très humble serviteur et sujet.

» Plombières, 18 juillet 58. »

§ 3. — PARIS, TUILERIES.

8 *Décembre* 1860. — L'Empereur, à 2 heures, monte en petit coupé de ville avec un de ses aides de camp, et dit au cocher : chez M. Fould, faubourg Saint-Honoré.

A la vue du coupé attendu, le concierge ouvre la porte, et M. Achille Fould vient au bas du perron recevoir Sa Majesté.

— Je suis bien honoré, lui dit-il, de la visite de Sa Majesté à mon hôtel.

— La visite de l'hôtel, répond l'Empereur, est un prétexte. C'est vous que je viens voir.

Après avoir vu et admiré toute cette installation que l'Empereur louait sans réserve, disant qu'il n'avait rien d'aussi beau aux Tuileries, l'Empereur entra avec M. Fould dans son cabinet, seul, car celui-ci avait dit tout bas à l'aide de camp : Vous me laisserez avec l'Empereur.

— Vous me répondez de Lui, avait répliqué, en souriant, le colonel ; et aussitôt il se mit à causer avec Mme Fould dans le salon.

Les deux interlocuteurs, l'Empereur et M. Fould, après une demi-heure, sortirent.

En remontant en voiture, l'Empereur dit au cocher :

— Rue Saint-Arnauld.

Il y visita une collection curieuse et repartit pour la rue Montaigne.

Le colonel croyait à une simple promenade de loisir, mais arrivé là, l'Empereur dit au cocher :

— Numéro 27, c'est l'hôtel du baron de Heeckeren.

— Je vais voir des hôtels que j'ai à acheter, ajouta Sa Majesté, ce sont des cadeaux que j'ai à faire ; ils me coûtent un peu cher.

Après une visite rapide, on alla avenue Marignan en voir un autre, puis avenue Montaigne 47. Celui de l'avenue Marignan était de 400,000 francs ; celui de l'avenue Montaigne, n° 47, 550,000 francs. « Croyez-vous, disait l'Empereur à son aide de camp, qu'il y ait trop de disproportion entre l'un et l'autre ? »

L'hôtel de la rue Montaigne, 47, a été acheté par l'Empereur. Le vendeur prétend qu'il lui revenait, à lui, à 600,000 francs, et qu'il le vend conséquemment à un prix très modéré.

Quant au n° 27, voici comment il a été visité :

Arrivé devant la porte, le cocher veut la faire ouvrir. Le concierge paraît et répond que la voiture ne peut pas entrer dans la cour, où elle ne pourrait pas tourner.

L'Empereur, malgré la pluie abondante qui tombait alors, et selon son flegme et sa douceur ordinaires, met pied à terre.

— Cet hôtel est à vendre? dit-il au concierge.

— Non, monsieur.

— Vous l'ignorez peut-être. Mais peut-on le visiter?

— Oui, monsieur.

On monte dans les appartements du premier étage, tout est en désordre encore, après le départ des maîtres, qui avaient pris sans doute quelque collation avant de partir, à en juger du moins par les assiettes, la vaisselle et les restes d'un repas épars sur les buffets.

Pendant cette visite, le concierge, à certains signes de déférence involontaires, peut-être du colonel, paraissait avoir soupçonné la qualité de son auguste visiteur qu'il regardait beaucoup, avec curiosité, lorsqu'en descendant l'escalier, l'Empereur tira de sa poche une pièce de 20 fr., qui ne laissa plus aucun doute au farouche gardien : la cour était tout à coup devenue assez grande pour que la voiture y pût tourner, car le coupé était au bas de l'escalier. — Après la double visite aux deux autres hôtels, le cocher, sur l'ordre qu'il reçut, reconduisit aux Tuileries l'Empereur, qui revenant à M. Fould : « Ces pauvres ministres, dit-il, sont tous les mêmes. Surchargés d'occupations quand ils sont au pouvoir, désœuvrés et malheureux quand ils n'y sont plus. Voilà M. Fould dans son magnifique hôtel. Eh bien, il s'y ennuie déjà. »

§ 4.

TRAVAUX DU CONSEIL D'ÉTAT A CETTE ÉPOQUE

PROJET DE LOI MILITAIRE

24 *décembre* 1866. — Séance des deux sections de la Guerre et de la Législation au Conseil d'Etat.

27 *décembre*. — Séance de ces deux sections au palais des Tuileries sous la présidence de l'Empereur.

29 *décembre.* — 4, 7, 8, 15, 17, 31 *janvier* 1867. — Séances. Sections. Quai d'Orsay.

Lundi 4 février 1867. — Assemblée générale aux Tuileries.

Mercredi 6 février.—Assemblée générale aux Tuileries.

Vendredi 8 février. — Séance des deux sections aux Tuileries.

Lundi 11 février.—Séance des Sections aux Tuileries.

Lundi 18 février. — Séance générale aux Tuileries, à 9 heures du matin.

Mardi 26 février. — Séance aux Tuileries, à 9 heures du matin.

PROJET DE LOI SUR LA PRESSE

Lundi 28 février. — En Assemblée générale, continuation et fin de la discussion du projet sur la presse, à 9 heures du matin, aux Tuileries.

Lundi 4 mars. — Assemblée générale du Conseil d'Etat aux Tuileries, à 9 heures du matin. — Fin de la discussion sur l'article transitoire au projet militaire, et discussion du projet de loi sur le droit de réunion.

Mardi 5 mars, 9 heures du matin. — Réunion générale aux Tuileries. Continuation de la discussion du projet de loi sur les réunions publiques.

Mercredi 6 mars, 9 heures du matin. — Réunion générale aux Tuileries. Fin de la discussion du projet de loi sur les réunions publiques (1).

(1) Dans l'analyse abrégée de ces discussions, M. Bavoux doit s'excuser de citer son opinion plus que les autres. Ce n'est pas pour prendre un rôle qui ne lui appartient à aucun titre; mais c'est qu'il ne se croit pas le droit de divulguer la part prise par la plupart de ses collègues à des débats qui n'étaient pas publics. Il se croirait indiscret en révélant d'autres opinions que la sienne et celle du Gouvernement. Il faut ajouter que ces quelques souvenirs et sur les conversations particulières des Tuileries et sur les séances du Conseil d'Etat, présidées par l'Empereur, empruntent un intérêt tout nouveau à l'incendie de ces deux palais : tous les procès-verbaux des séances du Conseil d'Etat ont été dévorés par les flammes. Il ne reste pas vestige de ces précieuses discussions pendant tout le second Empire. On n'a sauvé par hasard que la très faible partie des comptes

PROJET DE LOI D'ORGANISATION MILITAIRE

Distribué au Conseil d'Etat le 28 décembre 1866.—Séance des deux
sections de la Guerre et de la Législation, au palais des Tuileries, sous la présidence de l'Empereur, dans le salon de
Louis XIV.

Présents : les Ministres de la guerre, maréchal Ran-
don ; de la marine, Chasseloup-Laubat ; d'Etat, Rouher ;
de la justice, Baroche ; présidant le conseil d'Etat,
Vuitry ; de Parieu, vice-président ; Forcade et Chaix,
vice-présidents ; général Allard, rapporteur ; Darricau,
intendant général ; Chassériau, Chamblain, etc., conseillers d'Etat de la section de la guerre ; Lenormand,
secrétaire général de la justice ; Manceaux, Bavoux,
Gasc, Riché, Chassaigne-Goyon, Bayle-Mouillard, de la
section de législation.

L'Empereur expose son système d'une institution
permanente destinée, dans sa pensée, à militariser la
France.

M. Bavoux lui demande la permission de combattre
ce système. « Non pas qu'il entende, dit-il, refuser au
Gouvernement les moyens d'action qu'il croira nécessaires soit à la défense du territoire ou de l'honneur
national, soit même, sans chercher à pénétrer les desseins de Sa Majesté, à la réalisation d'éventualités que
M. Bavoux déclare saluer de ses sympathies les plus
vives. »

Il est donc à mille lieues de vouloir contester à
l'Empereur le développement militaire qu'il jugera
utile à la grandeur de la France.

C'est le procédé indiqué pour atteindre ce but qu'il
n'approuve pas ; l'esprit militaire, en France, est ardent, courageux, héroïque ; mais pour un résultat à
conquérir. Hors de là, l'esprit civil reprend son cours :
lui aussi a ses aspirations et ses lois, lui aussi crée des
merveilles et contribue à la grandeur nationale.

Le projet militaire qui, en temps de paix, poursuit

rendus du Contentieux pendant les années 1869 et 1870, jusqu'au
4 septembre,

la création d'une organisation permanente, lui semble, à ce titre, antipathique au génie civil de la France, impopulaire à ses mœurs. Prendre notre jeunesse de vingt à trente ans, occupée à préparer ses diverses carrières, pour lui faire apprendre, en temps de paix, l'école du soldat, le maniement des armes, c'est compromettre son avenir, c'est contrarier ses goûts, ses habitudes, c'est paralyser sa vie civile.

Lundi 4 février 1867. — Assemblée générale dans l'ancienne salle du Conseil d'Etat sous le premier Empire, à une heure.

Présents : tous les Ministres et le prince Napoléon.

Délibération sur un nouveau projet modificatif du premier et prolongeant le service militaire de la loi de 1832 : au lieu de sept ans, le nouveau projet en propose neuf, dont six sous les drapeaux et trois dans la réserve.

Puis, l'organisation de la garde nationale mobile, dont tous les membres sont autorisés à se marier. (Eclats de rires auxquels prend part l'Empereur.)

M. Bavoux approuve ce nouveau système qui, adoptant le système déjà éprouvé, développe les forces militaires sans en altérer le caractère et s'éclaire de l'expérience pour préparer l'avenir avec les nécessités nouvelles.

Le vote de l'Assemblée, adoptant les premiers articles de ce projet, semble en présager le succès.

Mais à la séance suivante, le 6 février, des objections de détails deviennent une pierre d'achoppement pour un système que l'Empereur ne paraissait pas accueillir avec une confiance assez assurée, et tout le projet trébuche et s'écroule.

On s'ajourne à un examen nouveau.

Vendredi 8 février. — Nouvelle séance de sections. Salon de Louis XIV, deux heures et demie.

Présents : MM. Rouher, ministre d'Etat et des finances ; maréchal Niel, ministre de la guerre ; marquis de la Valette, ministre de l'intérieur ; amiraul Rigault de Genouilly, ministre de la marine ; Vuitry, ministre présidant le conseil d'Etat ; Baroche, et les membres des deux sections, présidées l'une par M. de Parieu, l'autre par le général Allard.

A l'ouverture de la séance, l'Empereur, abandonnant tous les nouveaux projets, revient à sa première pensée de prendre les 160,000 hommes de la classe, dont le contingent annuel de 100,000 sous les drapeaux pendant cinq ans et quatre ans dans la réserve; et les 60,000 autres cinq ans dans la réserve et quatre dans la garde nationale mobile.

M. Bavoux combat ce projet comme il avait combattu le premier, dont il est à peu près la reproduction.

L'Empereur, dit-il, expliquait que le problème à résoudre était de rendre le fardeau militaire léger pendant la paix, réservant aux temps de guerre leur vigueur nécessaire. C'est précisément son point de vue; et à cette énonciation, il espérait être d'accord avec Sa Majesté. Malheureusement, sa conviction résiste aux conclusions que l'Empereur en tire. Prendre toute la classe, sous une forme ou sous l'autre, lui paraît inadmissible, impraticable, impopulaire.

Séance de sections aux Tuileries.—Lundi 11 février, une heure et demie. —L'Empereur expose que la discussion sollicite, à ses yeux, une solution, et engage la réunion à prendre le texte des articles. Ce texte est examiné et comprend la totalité de la classe, partagée en armée active et en réserve.

Quant à l'exonération, doit-elle être révisée? Le prince Napoléon l'attaque très vivement; MM. Rouher, Baroche, Bavoux la défendent, M. Rouher, pour la stratégie de la discussion du projet de loi lui-même, jugeant inutile de la compliquer de cette question.

M. Bavoux fait remarquer que l'exonération, attaquée par les militaires, est très populaire dans la bourgeoisie. D'ailleurs, par quoi faire face à sa suppression? Par le remplacement? Mais le remplacement n'est pas une nouveauté, il a existé longtemps au grand scandale de tous ceux qui l'ont connu. On oublie aujourd'hui les clameurs sous lesquelles il a succombé, moralisé par l'exonération.

Si elle a des défauts, le remplacement a des vices ; si elle est défectueuse, le remplacement était corrompu. Je préfère les défauts au vice. Laissons donc provisoirement, au moins, comme le propose le ministre d'Etat, l'exonération.

M. Baroche dit que M. Bavoux a tort, selon lui, de limiter à la bourgeoisie la popularité de l'exonération, populaire dans nos campagnes.

M. Bavoux le reconnaît et explique qu'il a dit bourgeoisie en parallèle avec l'opinion militaire, autrement dit opinion militaire, opinion civile.

Lundi 18 *février* 1867. — Séance générale aux Tuileries, à 9 heures du matin.—M. Bavoux demande à l'Empereur la permission de lui soumettre quelques observations générales sur l'ensemble du projet : puisque entre les différents systèmes, celui-ci a les préférences de Sa Majesté, je m'incline respectueusement, dit l'orateur, et avec quelques regrets.

Mais enfin, même pour ce système, il faut l'application pratique, et ce qui paraît certain, c'est qu'il n'accroît *pas d'un homme* les ressources militaires de la France en ce moment.

L'Empereur reconnaît la justesse de l'observation et la retient pour une disposition transitoire à la fin de la loi.

En effet, après le vote des articles qui la composent, l'Empereur fait remarquer l'utilité de l'article additionnel proposé par M. Bavoux, et en renvoie la rédaction au maréchal Niel, ministre de la guerre, et au général Allard, rapporteur.

<h2 style="text-align:center">§ 5.</h2>

Mardi 26 *février* 1867. — Projet de loi sur la Presse. —Séance générale aux Tuileries, 9 heures du matin. — M. Evariste Bavoux ouvrant la discussion, demande à l'Empereur si Sa Majesté désire l'examen immédiat des articles ou admet comme ordre de discussion ses réflexions générales sur le projet.

L'Empereur, autorisant une discussion générale, donne la parole à M. Bavoux, qui, commençant par rendre hommage à l'esprit libéral qui inspire ces réformes, accueillies ici par tant d'ingratitude et de perfidie, là par tant d'hésitations et d'incertitudes, croit devoir cependant avouer que la Presse lui a toujours semblé appartenir à un autre régime que celui de l'ordre commun. L'Empereur a pensé que l'heure avait sonné de restituer le *pouvoir discrétionnaire* dont il était investi et de renoncer au système *préventif*.

Le décret du 17 février 1852 avait cependant le mérite de régulariser les allures de la Presse avec tant de modération et de succès, même aux yeux de ses adversaires, qu'ils avouaient eux-mêmes la mansuétude de ce régime. De l'aveu unanime, la Presse avait gagné en dignité ce qu'elle avait perdu en liberté.

C'est qu'en réalité le droit commun est inapplicable à la Presse : le but de tout système pénal, c'est l'exemplarité et le châtiment du coupable. L'exemplarité est destinée à prévenir le crime ou le délit, en intimidant l'esprit faible, disposé à le commettre.

Le châtiment est l'expiation de la faute commise par le coupable.

Eh bien ! à ce double point de vue, le système pénal manque son but pour la Presse : l'exemplarité n'intimide personne, ne prévient aucune faute, aucun délit, parce que tout écrivain croit au contraire accomplir un devoir en exprimant sa pensée, et s'honore, même après le châtiment, de l'avoir encouru.

Le but pénal n'est donc pas atteint.

Que faire alors? Soumettre la Presse, ce Protée insaisissable, au seul régime qui puisse la discipliner et la contenir.

Mais enfin, Votre Majesté en a décidé autrement dans sa sagesse. Elle a cru le moment venu de déposer ses pouvoirs discrétionnaires.

N'était-il pas possible, au lieu de reprendre des voies

déjà battues, déjà signalées par leurs écueils, de créer un système nouveau?

La Presse, par exemple, qui, aimant beaucoup la liberté, aime aussi beaucoup les priviléges pour elle-même, en a un : celui du transport à prix réduit. Pendant qu'une lettre paie 20 centimes, un journal en paie 4 seulement. Pourquoi ne pas lui imposer le droit commun? Au lieu de 14 fr. 40, il en paiera 72. Le prix plus élevé diminuera le nombre des abonnés et décentralisera la Presse au profit de la Presse départementale, au grand profit des idées saines et pacifiques, au grand détriment du monopole de la centralisation de la Presse.

Une autre question est celle des annonces.

En Angleterre, si souvent invoquée par ces amis de la liberté, les idées pratiques ont un grand empire. Or, si la Presse se targue de la propagation des idées, elle ne dédaigne pas non plus la vie commerciale, le lucre du négoce. Les annonces jouent un grand rôle dans la vie des journaux qui ne vivent guère que par elles. Sur 14 ou 15 millions produits par les annonces, dans la société fermière, 8 ou 9 vont aux journaux, 5 ou 6 lui restent. Pourquoi ne pas imposer ces annonces? Le commerce, le public y gagneraient. Et ce serait justice.

En résumé, ce sont là des idées vagues à explorer, des aperçus nouveaux à ouvrir. Mais battre les sentiers battus, reprendre le système répressif, la police correctionnelle, *qui nous mènera au jury*, c'est reprendre le cours des périls et des échecs, dont je ne suis pas inquiet, sous la haute direction de l'Empereur, *qui est là pour réparer les brèches et aviser à toutes les éventualités, mais dont j'entrevois et dont j'aurais voulu prévenir le retour*, par un système préférable à celui que nous connaissons déjà.

Jeudi 28 février. — Séance générale aux Tuileries, 9 heures du matin. — Continuation et fin de la discussion du projet sur la Presse. La question de l'emprisonnement est remise en question à propos de l'art. 13 relatif à la privation des droits électoraux. L'Empereur trouve que cela fait bien des peines, l'amende, l'emprisonnement et la privation des droits électoraux.

Son système serait celui de l'amende et la privation électorale.

Il est combattu et battu par une majorité considérable, qui consacre l'emprisonnement facultatif, dont l'Empereur, dans un sentiment de générosité naturelle, ne voulait pas. Ce n'est pas générosité de ma part, disait-il avec une simplicité pleine de grandeur, c'est appréciation raisonnée de mon esprit qui, cherchant une répression efficace, ne la trouve pas dans la prison.

Lundi matin 4 mars, à 9 heures, aux Tuileries. — Article transitoire proposé par M. Bavoux sur le projet militaire. — Adopté sans discussion.

Projet de loi sur le droit de réunion discuté par le Prince Napoléon, MM. Rouher, Vuitry, Baroche, maréchal Niel, Cornudet, Duvergier, Lavenay, Boulatignier, Petetin, Gaslonde, Merruau, etc.

Incident : l'Empereur sort en courant aux nouvelles du Prince Impérial, alors souffrant.

Mardi 5 mars, 9 heures du matin. Assemblée générale aux Tuileries. — Continuation de la discussion du projet de loi sur le droit de réunion.

Mercredi 6 mars 1867, 9 heures du matin. Assemblée générale du Conseil d'Etat aux Tuileries. — Fin de la discussion du projet de loi sur les réunions publiques, réunions électorales (1).

(1) Comme témoignage de la bienveillante gaieté avec laquelle l'Empereur sollicitait la liberté des opinions, quelques journaux ont rapporté que, dans une séance du Conseil d'Etat aux Tuileries, après une discussion où M. Bavoux avait combattu le projet du Gouvernement, quand on en vint au vote, l'Empereur, recueillant les voix par mains levées, dit en riant : « Ah ! monsieur Bavoux ! parler contre mon projet, c'est bien ; mais lever contre lui vos deux mains, c'est trop fort ! » Méprise qui fit rire l'auditoire, parce qu'en effet un des collègues de M. Bavoux, assis à son côté, levait en même temps que lui la main, de façon que l'Empereur fit la plaisanterie de croire que les deux mains étaient au même votant.

L'Empereur Napoléon Ier répétait sans cesse : « Je veux qu'on puisse tout dire en mon Conseil d'Etat. » Et cette doctrine y était en honneur, sous le second Empire, sans plus de restriction que sous le premier.

J'ai cru apporter mon modeste tribut à la vérité en me faisant le témoin de la liberté absolue, de l'indépendance illimitée qui présidait aux délibérations du Conseil d'État, en l'absence comme, et surtout, sous la présidence de l'Empereur. Non-seulement il autorisait, mais il provoquait l'expression de la pensée de chacun, fût-elle contraire à la sienne. L'exemple ci-dessus n'en est-il pas une preuve manifeste? Dans le projet militaire, œuvre personnelle de Sa Majesté, n'a-t-il pas laissé produire toutes les objections sans mécontentement, sans impatience? N'écoutait-il pas religieusement tous les avis? Ne sollicitait-il pas toutes les lumières, toutes les consciences? Lors du projet sur la Presse qui, par suite de l'abrogation du décret de 1852, passait sous la juridiction de la Police correctionnelle, en combattant cette proposition, j'y apercevais, dans un avenir prochain, *le retour au jury*. Et, en effet, sous le ministère Ollivier, vint bientôt cette application du *jury aux délits de presse*.

Dans une assemblée solennelle du Conseil d'État, je la combattis encore énergiquement. Le Prince Napoléon me répondit avec un grand talent, et la loi fut votée.

L'Empereur eut-il raison d'accomplir cette campagne des réformes libérales?

Eut-il raison de consentir les réductions du budget de la guerre sur l'insistance du Corps législatif et de son ministère parlementaire? Là encore, au Conseil d'État, quand le maréchal Lebœuf nous apporta une diminution de 10,000 hommes sur le contingent, je la repoussai vivement avec mon ami, Anselme Petetin; mais elle fut adoptée par la Chambre pour ce contingent, et même par rétroactivité, sur le contingent de l'année précédente.

Était-ce notre faute à nous, au Conseil d'État, à l'Empereur lui-même, ou bien à son nouveau système, à son système libéral, économe, parlementaire? N'est-il pas odieux d'accuser en tout ceci l'Empereur?

§ 6.

1855. — Un soir, après le dîner, l'Empereur m'abordant : Y a-t-il longtemps que vous avez vu Odilon Barrot? — Hélas! oui, Sire. Je ne le vois presque plus, non pas à cause de lui, mais à cause de son entourage politique, composé en grande partie de boudeurs, mes anciens collègues et plusieurs même mes anciens amis, aujourd'hui très hostiles au Gouvernement et à ceux qui le soutiennent. Leur hostilité même va souvent jusqu'à l'impolitesse la plus inacceptable. C'est pour cela que je me prive des relations avec un homme que j'aime, que j'honore, que je respecte et que je persiste à croire moins irrité et moins intolérant que ceux qui l'entourent.

« Je le jugeais en effet, comme vous, très sage et » très modéré, me dit l'Empereur ; mais dernièrement » il m'est arrivé une surprise bien étrange qui m'a un » peu affligé. Imaginez-vous que j'étais à un petit » théâtre. En entrant dans ma loge, j'aperçois dans » celle qui était en face de la mienne, Odilon avec une » dame qui n'était pas Mme Odilon-Barrot. Il était bou- » tonné (vous savez qu'Odilon est très boutonné). Peu » de temps après, mes yeux, en se portant sur cette » loge, ne l'y voient plus. Pourquoi l'avait-il quittée? » Était-ce pour ne pas se trouver vis-à-vis de moi? » Si c'était cette raison, elle me serait pénible de sa » part. »

— J'aurais peine, Sire, à admettre cette supposition. Elle m'étonnerait de la part de M. Odilon. Mais enfin, je ne sais rien de tout cela.

Et M. Duchâtel? savez-vous ce qu'il pense, ce qu'il dit? — Non, Sire, je n'en sais rien. Je n'ai pas l'honneur de connaître M. Duchâtel, mais j'ai eu l'occasion de rencontrer récemment M. de Montalivet et j'ai été enchanté de la modération de son langage.

M. de Montalivet me disait ne pas comprendre l'abstention à laquelle se condamnent beaucoup d'hommes honorables, des affaires publiques. J'admets parfaitement des scrupules personnels et rares, comme ceux qui m'éloignent, moi, de tout emploi sous le gouvernement actuel. J'ai tenu au gouvernement déchu par des liens trop étroits pour me permettre de servir avec honneur celui qui lui a succédé. Mais à part ces obstacles exceptionnels, je n'admets pas l'éloignement systématique : il faut, avant tout, être de son pays. Notre pays a un gouvernement sérieux, important. quels que soient les sentiments qu'il inspire à chacun. Eh bien! j'ai sans cesse répété à mes amis cette recommandation : Servez votre pays; servez le gouvernement de votre pays.

— C'est vrai, me dit l'Empereur, j'ai déjà entendu parler de la modération du langage de M. de Montalivet.

De là, notre conversation passa à d'autres sujets d'un ordre tout privé. Nous parlâmes de Ferdinand Barrot, de son fils Frédéric, qui venait d'être nommé sous-préfet à Provins. L'Empereur me demandait si nous étions satisfaits de lui et je m'empressai de lui répondre très affirmativement (1).

Quelques jours après, M. Ferdinand Barrot venait me voir un matin et je la lui racontai. C'est bien singulier, me dit-il. Précisément, ces jours-ci, j'ai trouvé rue de la Ferme une vive irritation à l'occasion de cette soirée de spectacle dont vous a parlé l'Empereur, et qu'on avait tout autrement interprétée, par suite d'un malentendu que je vais m'empresser d'éclaircir.

Mon frère, en effet, avait été engagé par Biesta à aller au Vaudeville dans une loge d'avant-scène, qu'il avait retenue au bureau de location. A peine est-il installé avec Biesta et sa femme, l'Empereur arriva dans l'avant-scène en face. Peu après, un employé du

(1) Cette conversation avait lieu aux Tuileries dans l'hiver de 1855 ou 1856. Elle est citée ici par analogie avec d'autres de même nature familière.

théâtre ouvrit la porte de la loge et pria poliment les personnes qui y étaient d'accepter une autre loge par suite d'une erreur de location. Odilon refusa et quitta le théâtre, très mécontent. Le mécontentement redoubla au soupçon que cette prétendue erreur du bureau de location cachât un faux zèle de quelque commissaire de police qui n'aurait pas cru devoir laisser M. Odilon Barrot en face de l'Empereur. Le lendemain, Biesta alla au Palais-Royal et porta plainte au prince Napoléon.

Vérification faite, voici ce qui fut établi :

Le roi Jérôme avait envoyé chercher une loge au théâtre dans la journée. Par mégarde, on lui donna l'avant-scène qui avait été, quelques instants avant, louée, sans être marquée sur la feuille de location, à Biesta. Et puis, le soir, quand le roi Jérôme est venu au spectacle, bien vite, voyant sa loge occupée, on accourut à cette loge priant les personnes qui l'occupaient de la céder au prince, leur en offrant une autre en échange. Bientôt après, le roi Jérôme apprenant ce malentendu et apprenant en même temps que M. Odilon Barrot était quelques moments avant dans cette loge, lui envoya dire qu'il serait heureux s'il voulait bien y revenir prendre place. Mais on ne le trouva plus, puisqu'il avait quitté la salle.

§ 7.

Samedi 18 *janvier* 1868. — *Dîner aux Tuileries.* — Après le dîner, l'Empereur s'approche de moi. — Il y a longtemps que je ne vous ai vu, me dit-il. — Hélas! Sire, c'est un de mes regrets, un de mes chagrins. Autrefois à Ham, à l'Elysée, j'avais le bonheur, inappréciable pour moi, de vous voir souvent; aujourd'hui, presque jamais. Mon dévouement profond en souffre au point de vue sentimental, au point de vue politique. Une joie très vive pour moi est de parler à Votre Majesté, et ma préoccupation constante pour la grandeur et la prospérité de son règne me rend ces communications d'autant plus précieuses. Cet été, par exemple, poussé par ce sentiment, je suis allé voir la forteresse de Luxembourg et revoir mes bords du Rhin... vieil amour pour moi, vieil entraînement dont je ne parle à Votre Majesté qu'en baissant les yeux pour ne pas même commettre, par le regard, une indiscrétion en paraissant chercher la pensée de Votre Majesté. En revenant pendant mes vacances, j'ai jeté par écrit mes observations, mes vœux, mes espérances. Je n'ai pas voulu, moi, conseiller d'Etat, publier une brochure qui pouvait paraître gênante ou inopportune au gouvernement de Votre Majesté, sans en avoir référé à Elle. — Vous avez bien fait. Je vous en remercie, et je reconnais là votre attachement, dont je suis très touché...

§ 8.

*24 avril 1869.—Dîner aux Tuileries.—*L'Empereur, en arrivant dans le salon vers sept heures et demie, fait le tour et parle ou donne la main à chacun. Arrivé à notre groupe, où se trouvait M. Nélaton : Ah! docteur, lui dit-il, donnez-moi donc des nouvelles du blessé.—Lequel, Sire ? — Eh ! celui dont me parle mon journal, un nommé Epstein, jongleur, qui est venu ici ces jours-ci, avec un pistolet chargé, qu'il a présenté au petit Prince, l'engageant à faire feu sur lui. Mon fils s'y est refusé... heureusement ; car je vois qu'hier, au Cirque, il a renouvelé son tour et son invitation. Puis le malheureux est tombé, s'écriant : Je suis mort. On vous a, dit-on, appelé, cher docteur, et vous l'avez sauvé... — En voilà, Sire, la première nouvelle.—Eh ! bien, ajoute l'Empereur, la nouvelle principale n'est peut-être pas plus vraie que le détail. En tout cas, je suis heureux que le petit Prince n'ait pas tiré sur lui, car on dit que c'est la baguette qui, oubliée dans le canon, a blessé ce malheureux, et cela aurait pu arriver ici.

60 couverts à table. Ma femme, voisine de l'Empereur, cause avec lui, pendant le dîner, de sujets variés : du répertoire actuel des théâtres, de *Séraphine*, au Gymnase, que l'Empereur trouve empreinte d'un mauvais esprit, anti-religieux, etc., de divers travaux du Conseil d'État, de Juliette Boulay de la Meurthe, ma nièce, dont il demande avec intérêt la situation de fortune, de famille, etc.

Après le dîner, il cause avec moi élections. — Vous avez confiance, Sire, dans le résultat des opérations électorales? — Oui, sans doute. — Je le comprends. Pourtant toutes ces agitations ne me laissent pas absolument tranquille. — Eh! mon Dieu, me dit l'Empereur, il y a sans doute des hasards de situation. Ainsi, dans le Jura, Toulongeon était assez des nôtres. Eh bien, il meurt, et le voilà remplacé par Grévy, républicain. Croyez-vous que ce soit là un choix politique? — C'est possible, Sire; mais il n'y en a pas moins dans certains départements des appréhensions sérieuses. Dans le mien, par exemple, où nous étions nommés sans la moindre lutte, eh bien, après moi Josseau, nommé d'abord, comme nous, à 28,000 voix sur 30,000, ne l'a plus été aux dernières élections qu'à 14,000 contre 12,000, donnés à son compétiteur, Jules de Lasteyrie. Cette fois ne sera-ce pas l'inverse? Je le crains. — De là une conversation confidentielle dont je crois devoir pour moi conserver le souvenir.

§ 9.

C'était le 30 mai, en séance au palais du quai d'Orsay. Un grand fonctionnaire du 23 janvier 1870 y prenait place à côté de moi. Je dis à mon voisin : « Sans aucun doute, vous approuvez le décret de ce matin, restrictif des droits de cette assemblée, dont vous faites cependant partie? — Assurément. — Je le regrette pour le Gouvernement, dont le principal laboratoire est, selon moi, le Conseil d'Etat. La diminution graduelle et persistante de ses attributions par voie d'abaissement, sous le système actuel, me représente l'embarras de celui qui, dans sa baignoire, la verrait, comme une passoire, se vider par la perte de l'eau s'échappant à l'aide de fuites cachées et continues. — Je ne m'en aperçois pas, répond le haut fonctionnaire, étant hors de la baignoire (en sa qualité de conseiller d'Etat hors sections). Au surplus ne vous suffit-il pas, cher collègue, d'un bain de pieds, ou... de siége? — C'est précisément ce dont je me plains, réplique le conseiller d'Etat; c'est que nous soyons ainsi mis à sec sur notre siége... de conseiller d'Etat. »

Et en effet, où nous ont menés toutes ces réformes prétendues libérales, parlementaires, abaissant tout, détruisant tout, équilibre des pouvoirs, et bientôt le pouvoir lui-même.

§ 10.

30 *Mai 1870.* — *Petit bal des Tuileries.* — « Sire, je présente à Votre Majesté mes respectueux hommages. Mais je ne veux pas parler politique avec Elle.—Pourquoi? — Parce qu'un Empereur parlementaire ne doit pas causer politique avec ses amis, suspects à MM. les parlementaires. Ce que je me permettrai pourtant de dire à Votre Majesté, c'est qu'elle me semble avoir dans sa maison bien des ouvriers démolisseurs. Il faut, en vérité, bien regarder si la toiture ne risque pas de tomber un de ces matins sur la tête de l'Empereur et de son Gouvernement.

En tous cas, je publie ces jours-ci un ouvrage établissant la comptabilité du Gouvernement autoritaire. Sans récriminer contre MM. les parlementaires, ma conclusion est celle-ci : MM. les parlementaires, faites mieux... si vous pouvez. Voilà vingt ans de grandeur

et de gloire acquises à l'Empire. Combien lui en don-
nerez-vous à votre tour?»

Du 30 mai au 4 septembre!.........

§ 11.

Lundi 4 juillet 1870.— *Saint-Cloud.* — A dix heures,
je trouve l'Empereur dans son cabinet. La pluie légère,
survenue ce jour-là, avait rafraîchi la température :
l'Empereur avait du feu dans sa cheminée et le cigare
à la bouche. Aimable et gracieux, comme toujours, il
me remercie des deux volumes que je lui avais adres-
sés (1); l'Empire et le régime parlementaire. Ils deviennent le texte de notre conversation. Le parlementa-
risme, lui dis-je, si longtemps éprouvé et répudié en
France, ne porte pas, dans sa nouvelle épreuve, de
meilleurs fruits. Ce qui me frappe surtout, c'est l'hésitation et la confusion qu'il imprime à la direction des
affaires. L'esprit public, disposé sans doute au retour
du libéralisme, est cependant, selon moi, tout désorienté
de l'abandon apparent par Votre Majesté de la direction gouvernementale. Le gouvernail, délaissé, semble-
t-il, par votre main, flotte un peu au hasard. Or, en
France, on aime sentir l'autorité, l'impulsion du gouvernement; impulsion douce et modérée sans doute,
mais déterminée et continue. Je sais bien que Votre
Majesté, par un scrupule qui l'honore et constate sa
loyauté, s'abstient volontairement de toute intervention dans la marche du rouage constitutionnel, remis
aujourd'hui en mouvement, précisément pour ne pas
encourir le soupçon d'en gêner l'essor. — Vous avez
raison, dit l'Empereur, c'est exactement ma pensée.
— Je n'en doute pas. Mais voyez, Sire, où vous allez

(1) C'était l'ouvrage dont je lui parlais le 30 mai au bal des
Tuileries : *La France sous Napoléon III.* — L'Empire et le Régime
parlementaire.

ainsi : On vous désarme, on vous dépouille. Et sans suspecter les intentions de vos nouveaux ministres, dont le chef est particulièrement remarquable par son talent de tribune, et la générosité de ses sentiments, il n'en préside pas moins à l'inauguration d'un système, à mes yeux, déplorable : l'affaissement du principe d'autorité.

— Eh bien! dit l'Empereur, il ne va pas mal en ce moment. — Sans doute, et pourtant il vous livre au pouvoir des infidèles, car enfin les principes ne sont pas tout en politique. Il faut des hommes pour les mettre · en œuvre. — Ah! les hommes manquent aujourd'hui.

— En attendant, on vous en fait prendre parmi vos ennemis d'hier (1).

— C'est assez embarrassant. Mon gouvernement ne peut être exclusif et repousser ceux qui viennent à lui.
— C'est vrai, et je reconnais encore là cette magnanimité impériale qui fait accueil à tous, de quelque côté qu'ils viennent. L'Empire est assez grand pour admettre toutes les recrues, mais sincères et éprouvées. Autrement qu'arrive-t-il du choix de fonctionnaires douteux, équivoques dans leur dévouement? Deux choses : d'abord vous introduisez dans la place des visiteurs suspects, des traîtres peut-être, qui ont la récompense avant les services. Ensuite vous découragez les bons serviteurs qui se voient supplantés par des nouveaux-venus, auxquels l'inexpérience tient lieu de brevets de capacité. Non-seulement vous découragez les carrières honorables, mais vous encouragez à l'opposition, car il en résulte la preuve que c'est par l'opposition qu'on arrive.

Voyez, Sire, votre Conseil d'État. Pierre angulaire du nouvel Empire, il en est devenu un des organes les plus affaiblis. — Est-ce que ses travaux ne vous conviennent plus? — Vous avez raison, Sire, je m'y déplais beaucoup, et je regrette beaucoup le Corps législatif, à moins que Votre Majesté ne voulût bien reconnaître que, après douze ou quatorze années passées au quai

(1) Que dit M. Thiers de ce raisonnement?

d'Orsay, je pourrais être déporté par Elle au Luxembourg.

— Assurément, vous êtes du bois dont on fait les sénateurs, et je serai heureux de vous donner ce témoignage de mon amitié pour vous.

— Je suis profondément reconnaissant à Votre Majesté de sa bienveillance pour moi. Mais je lui avouerai que ce n'est pour lui parler ni Sénat ni même politique que je lui avais demandé l'honneur de l'entretenir, c'était pour une question plus haute et surtout plus confidentielle ; je n'avais voulu la confier ni à M. le duc de Bassano, quand il a bien voulu venir me voir de la part de Votre Majesté, ni même à un écrit dont il se serait chargé : c'est pour le roi de Prusse, dont l'ambition hautaine me semble intolérable. J'ai déjà pris la liberté d'en parler à l'Empereur plusieurs fois, et après plusieurs voyages sur le Rhin, après des études longues et réfléchies sur ce redoutable problème, je suis resté convaincu qu'il ne peut se résoudre que par les armes, et j'ai essayé de développer ma pensée dans un écrit que j'ai tenu secret à tous, même à mes amis les plus intimes, excepté à l'Empereur et au maréchal Lebœuf. Depuis deux ans, la réponse de Sa Majesté a toujours été celle-ci : « Attendez. » Et j'ai attendu. Mais j'ai voulu, avant de partir pour la campagne, prendre encore l'avis de mon souverain.—La Prusse est, en effet, l'ennemie de la France, j'en suis assuré comme vous ; mais avec un ami tel que vous, je puis m'ouvrir à cœur ouvert. Eh bien ! pour lui déclarer la guerre, il faut avoir vingt fois raison : notre force morale est à ce prix. — C'est vrai, Sire. Mais vous avez déjà deux cents fois raison depuis 1866, et l'occasion ne vous manquera pas d'un grief sérieux. La Prusse n'en est pas avare.

— Mais, en attendant, votre éditeur vous garde-t-il le secret de votre publication ? — Je réponds de lui ; il attend mon signal. Votre Majesté me le donnera quand elle le jugera opportun. Jusque-là, je demande moi-même le silence le plus absolu à Votre Majesté, car cette brochure que voici et que je dépose entre vos mains, n'est pas encore déposée au ministère de l'Intérieur et donnerait prise à une vraie contravention commise par l'Empereur lui-même, s'il la laissait voir.— La voici donc remise par moi dans un tiroir du bureau de l'Empereur. — « Non, donnez-la-moi. Je suis déjà en retard vis à vis de vous à lire votre dernier ouvrage. Je vais mettre plus d'exactitude à celui-ci. » Et en effet, depuis quelques instants l'Empereur feuilletait déjà *la Prusse et le Rhin.*— C'est très bien, ajoutait-il de temps en temps. C'est bien cela. Ici pourtant, me disait-il, vous voulez le Rhin. — Oui, Sire, avec ardeur. C'est notre frontière naturelle nécessaire; l'histoire nous l'affirme, notre esprit national aussi : c'est à mes yeux la consécration indispensable à la gloire de la France, à la gloire de votre règne. — Oui, oui. Mais il faut plutôt le faire que le dire. — Pour vous, Sire, c'est une réserve obligée. Mais pour nous, simples citoyens, qui avons à rendre compte de notre opinion et à échauffer celle des autres, c'est autre chose. D'ailleurs c'est une vérité de la Palisse, dont la dissimulation ne servirait de notre part qu'à énerver la puissance. Je crois donc mieux servir mon pays en lui signalant le but qu'il doit, selon moi, poursuivre.

Là, je crus pouvoir prendre congé de l'Empereur et me retirai, comme toujours, charmé de sa grâce et de sa courtoisie si affectueuse.

Deux heures après, j'apprenais à la séance du Conseil d'Etat la candidature du prince de Hohenzollern au trône d'Espagne.

L'Empereur la connaissait-il en me parlant? Je ne le sais.

Mais immédiatement je lui écrivis que l'occasion dont je lui parlais le matin me semblait venue; et que j'allais tirer ma fusée chez Dentu, mon éditeur. M. de Bassano voulut bien remettre ma missive, comme la précédente, à Saint-Cloud. Et ma brochure paraissait le lendemain.

Ces notes, destinées à consigner le souvenir d'une coïncidence curieuse entre une conversation particulière avec l'Empereur et l'éclat subit de l'incident

Hohenzollern, témoignent aussi de l'habitude du Souverain d'écouter plus qu'il ne *parle*. Si ma relation met donc en relief mes paroles plus que les siennes, ce n'est certes pas, je le répète, et je ne puis me défendre de le répéter, prétention de ma part; c'est, au contraire, exactitude, et surtout discrétion.

Je laisse ces mots : l'Empereur écoute plus qu'il ne *parle*. Témoignage du moment où cette note, le jour même de ma visite, a été rédigée en une sorte de *memento* par moi. Hélas! il ne *parle* plus maintenant. Le marbre froid du tombeau a glacé ses lèvres. Il dort aujourd'hui du sommeil éternel, ce Prince incomparable par la grandeur de son esprit, par la chaleur de son patriotisme, par son admirable bonté. En le quittant le 4 juillet, à Saint-Cloud, je ne devais plus le revoir qu'exilé. Exilé, et aujourd'hui mort à Chislehurst! Deux années s'étaient écoulées depuis les rêves qui échauffaient alors mon esprit sur cette terrible lutte, m'apparaissant alors nécessaire, fatalement prochaine avec la Prusse.

L'Empereur, on le voit, dans notre conversation, entrevoyait la solennité de cette redoutable épreuve. Ce jour, 4 juillet 1870, à dix heures du matin, connaissait-il déjà l'incident Hohenzollern? Je le lui ai demandé à Chislehurst.

Quant à moi, l'ignorant à ce moment, j'étais, sur l'organisation de nos forces militaires, sous l'influence des réponses vingt fois, cent fois répétées par le maréchal Lebœuf, que nous étions non-seulement prêts, mais *cent fois supérieurs* aux Prussiens, *sur lesquels nous avions*, disait-il, *une supériorité formidable.* Cent fois il a répété cette assertion, qu'il a incontestablement renouvelée sans cesse auprès de l'Empereur. Ne prétendait-il même pas qu'il y avait urgence à profiter de cette supériorité, par la raison que tout le temps qui s'écoulait était contre nous : nos secrets risquent de s'ébruiter; nos procédés de fabrication, d'être découverts et imités par la contrefaçon. « Nous sommes entourés d'espions prussiens, au champ de manœuvre, comme dans les salons. Ici, par exemple, chez l'Empereur, dans ce palais des Tuileries, voyez-vous, me disait-il, ces étrangers dans l'embrasure de cette fenêtre? Eh bien! ce sont des Allemands qui surveillent, épient et cherchent à surprendre quelque partie de notre conversation, etc., etc. » Ne répétait-il pas sans cesse que *pas un bouton de guêtre ne manquait au fourniment du soldat.*

Tel était le langage du maréchal, convaincu, loyal, mais trompé et trompant son souverain, comme il l'était certainement lui-même.

Une autre interprétation m'est venue souvent à l'esprit de la conduite du maréchal : dans cette épreuve constitutionnelle, tentée par l'Empereur, le maréchal Lebœuf s'était essayé à la tribune et avait réussi. Enivré de ses succès oratoires, il avait sacrifié aux faux dieux et s'était habitué, pour capter l'Assemblée et alimenter ses succès, à ces fatales complaisances, à ces capitulations parlementaires qui perdent les Etats. Un jour il abandonnait, pour complaire à l'esprit d'économie de la Chambre, 10,000 hommes sur le contingent; le lendemain, 10,000 autres. Dans une autre séance, il démantelait une forteresse, il réduisait les cadres, et ainsi, de faiblesse en faiblesse, il affaiblissait l'armée. La rançon de toutes ces concessions, c'étaient les applaudissements parlementaires. L'amour-propre du ministre-maréchal-orateur était satisfait, comme celui des députés qui se glorifiaient vis-à-vis de leurs électeurs d'avoir amené le Gouvernement à des économies sur le budget, à des économies d'hommes sur le contingent.

Comment vouliez-vous qu'au milieu de ce chaos parlementaire, sous ces affirmations multipliées du ministre responsable que nous étions prêts, formidablement prêts, le patriotisme de la France ne fût pas exalté à la pensée de relever le gant insolemment jeté par la Prusse? Comment vouliez-vous que le cœur de tout Français ne bondît pas de joie et d'un saint orgueil à cette double perspective d'arrêter, d'accord avec l'Autriche, les envahissements de son turbulent voisin! ou, à défaut de l'alliance autrichienne, de laisser l'Allemagne s'organiser, à son gré, avec ou sans l'Empire Germanique, prenant seulement pour nous nos garanties territoriales, en apposant simplement sur nos frontières rhénanes, cet écriteau dicté par le droit des gens : « Chacun chez soi. »

ANNEXE

L'immense concours de respectueux visiteurs à Chislehurst dans les lugubres journées que nous venons de traverser, a provoqué des recherches sur leur chiffre, au moins approximatif. On a comparé le nombre des voyageurs, à semblables époques des années passées, sur les états de chemins de fer et de bateaux entre Douvres et Calais, comme entre Folkestone et Boulogne. De cette comparaison, il est résulté qu'il y avait eu dans cette première quinzaine de janvier, 4,000 voyageurs de plus cette année.

D'un autre côté, à la gare seule de Charring-Cross, le chiffre relevé, sur les livres constatant la circulation, a été, le 8 janvier, de 70,000 départs pour Chislehurst, autant pour le retour ; le lendemain, plus encore ; ce qui crée un mouvement de plus de 200,000 personnes, sans parler de celles très nombreuses qui étaient venues soit d'autres points que la station de Londres, soit même de Londres en voitures, et il y en avait une grande affluence (1).

Grande affluence de monde et de voitures sur ces gazons et sur ces champs qui environnent la modeste maison de *Camden-Place*, mise si généreusement par son propriétaire, gentleman britannique, à la disposition de Leurs Majestés. C'était à l'époque où l'Impéra-

(1) Préoccupé des démonstrations officielles dont l'Empereur Napoléon III a été l'objet après sa mort de la part du monde politique étranger, M. Thiers a fait faire des recherches pour savoir ce qui s'était passé lors de la mort du roi Charles X et du roi Louis-Philippe, et il s'est convaincu que ces démonstrations avaient un caractère exceptionnel de déférence.

Trois membres du corps diplomatique seulement assistaient

trice était, avec le prince Impérial, avant l'Empereur, en Angleterre, cherchant un abri. Le propriétaire de Camden-Place l'apprend et offre l'hospitalité aux exilés. On le remercie en lui disant que son habitation est beaucoup trop chère pour la très médiocre fortune de Leurs Majestés, qui ne peuvent mettre que 12,000 fr. à leur loyer. — Eh bien, répond galamment le gentilhomme, je voulais précisément 12,500 fr. de ma villa. — De là des politesses à la suite desquelles, sur l'insistance du propriétaire, la location fut ainsi faite, toute meublée. L'été dernier, il s'est marié. L'Impératrice m'a dit lui avoir immédiatement offert la restitution de son castel, qu'il a obstinément refusée.

Tel est l'établissement assez confortable dans sa simplicité où a vécu depuis deux ans la famille Impériale, avec de faibles ressources, peu de domestiques, une femme-concierge à la grille d'entrée, trois ou quatre voitures à peine, et quatre chevaux dont deux de selle qui s'attellent. Très humble état de maison dont les hôtes ne se sont plaints jamais.

Etat plus que simple, que le Gouvernement s'est bien gardé d'améliorer; car, malgré la certitude que les ressources du domaine privé de l'Empereur sont notoirement suffisantes, et au-delà, pour payer les dettes de la liste civile, M. Thiers persiste à retenir sous le séquestre même les biens privés de l'Impératrice, même ses meubles. Aussi avons-nous eu ce spectacle étrange et déplorable, des mandataires de Leurs Majestés forcés de se présenter aux adjudications publiques qui ont eu lieu au Louvre, et d'acheter la porcelaine, le linge et tout le matériel nécessaire aux augustes hôtes de Camden-Place.

aux obsèques du roi Louis-Philippe, les ministres de Naples, de Belgique et d'Espagne. (Missions de famille.)

Aux obsèques du roi Charles X qui eurent lieu à Goritz, il n'y eut aucun représentant de souverain, mais le capitaine commandant du cercle militaire suivit le cercueil avec la garde bourgeoise, et toutes les cours prirent le deuil.

Les légitimistes ayant voulu faire célébrer des messes à Paris et ailleurs, le gouvernement de Louis-Philippe s'y opposa.

(Patrie, 19 janvier 1873.)

www.ingramcontent.com/pod-product-compliance
Lightning Source LLC
Chambersburg PA
CBHW051117050726
47594CB00003B/842